KREUZFAHRT
Karibik

Birgit Müller-Wöbcke lebt im Rheingau. Die Reisejourna-
listin ist seit 20 Jahren in der Karibik unterwegs und vielfach
ausgezeichnet. Am liebsten reist sie mit Mann und Tochter.

W0048095

 Familientipps   Ausflüge

 Umweltbewusst Reisen   Faltkarte

Preise für ein dreigängiges Menü
ohne Getränke:

€€€€ ab 45 €   €€€ ab 20 €
  €€ ab 30 €   € bis 15 €

INHALT

◄ Bunt und fröhlich: St. George's (▶ S. 86)
auf Grenada aus der Vogelperspektive.

Willkommen in der Karibik

Palmen, weißer Sand, türkisblaue Meeresfluten, die Musik der Steelbands und der Geschmack eines Daiquiri – die Karibik ist auch ein Lebensgefühl.

Wir hatten uns in der Uhrzeit getäuscht, und es war äußerst knapp, wenn wir die Abfahrt unseres Schiffes nicht verpassen wollten. Schweißgebadet stiegen wir in ein klappriges altes Taxi und nannten atemlos das Ziel unserer Reise, das auf der anderen Seite der Insel lag. Der Fahrer reichte uns zwei Pappbecher und goss Punsch ein. Mit einem beruhigenden Lächeln stellte er die Air Condition ein: »To keep you cool« brachte er es auf den Punkt und uns zum Relaxen. Natürlich waren wir rechtzeitig im Hafen.

Es ist diese immer wieder festzustellende Gelassenheit der Menschen in der Karibik, ihre durch und durch positive Lebenseinstellung, deftiger Humor und eine inspirierende Warmherzigkeit, die viele immer wieder in diese Region zieht.

Buntes karibisches Leben

Vielleicht sind es die äußerlich uns so angenehm erscheinenden Lebensumstände, die der vielfach verbreiteten materiellen Armut ihre Bedeutung nehmen. Inseln mit Kokospalmen, auf denen die Holzhäuser in Bonbonfarben angestrichen sind, weiße Sandstrände, steil aufragende Vulkankegel, Gärten, in denen Mangos und Bananen wachsen, Inselhauptstädte, durch deren Straßen mitunter Schweine laufen. Vor

◄ Der Sonnenuntergang in der Karibik ist ein grandioses Schauspiel der Natur.

dem türkis leuchtenden Meer sieht man auch immer wieder Häuser in strahlenden Farben: Zitronengelb, mit Lamellenläden in Bonbonrosa und dem Grün reifer Mangos – typisch karibisch sind die heiteren, ausgefallenen Farbkombinationen, in denen man auf den West Indies seine Häuser streicht. Zu einem Bilderbuchhaus in der Karibik gehören seit dem 19. Jh. auch die viktorianisch anmutenden Holzspitzen an Giebeln und Dachrändern. Umlaufende Veranden und Galerien lassen Passatwinde zirkulieren und spenden Schatten.

Karibik, das heißt nicht nur Sonne und Meer, mitreißende Lebensfreude und heitere Gelassenheit, eine bisher kaum gekannte Leichtigkeit des Seins, sondern auch Begegnungen mit den Einheimischen. Zwar dringt man nicht ins tatsächliche Leben der Menschen ein, doch auch kurze Begegnungen können für beide Seiten spannend und lohnend sein. Zwischen der Lebensphilosophie eines Bankangestellten auf den Bahamas, eines Rasta auf Jamaika und eines Sozialisten auf Kuba mögen Welten liegen – was die Menschen in der Karibik eint, sind Spontaneität und Lebensfreude, die über den üblichen Widrigkeiten des Alltags liegen, eine Lebenskunst, die auch schwierigen Umständen etwas abgewinnen kann, und die Gewissheit, dass man nichts zu ernst nehmen darf. Der überwiegende Teil der Bevölkerung stammt von afrikanischen Sklaven ab, ein düsteres Kapitel der Geschichte. Nach ihrer Entdeckung durch Kolumbus im 15. Jh.

und der Inbesitznahme durch europäische Siedler entwickelte sich auf vielen der bewohnten Inseln mit dem Anbau von Zuckerrohr eine Plantagenwirtschaft, die durch eingeführte Sklaven zu florieren begann. »Oh island in the sun, built to me by my father's hand, all my days I will sing in praise of your forest waters, your shining sand«, heißt es in der musikalischen Liebeserklärung bei Harry Belafonte, der es wie kaum ein anderer Sänger vermochte, die Karibik als ein Sehnsuchtsziel, ein »Shangri-La« für Lebenskünstler zu etablieren. Der Tourismus in der Karibik beginnt Ende der 1970er-Jahre. Heute ist die Wirtschaft stark mit dem internationalen Fremdenverkehr verflochten.

Zauber des Lichts

So viele Inseln, so viele Eindrücke. Und auch das ist typisch für die Karibik: Wie in Äquatornähe üblich, geht die Sonne das ganze Jahr über zwischen 18 und 19 Uhr unter. Die Dämmerung, die vielleicht schönste Zeit des Tages, dauert nur wenige Minuten, zauberhafte Momente, in denen die Lichtverhältnisse das Grün der Palmen zum Leuchten bringen. Kurz nachdem die Sonne als glutroter Ball untergegangen ist und den Himmel verfärbt hat, wird es schlagartig dunkel. Und dann erscheinen auch schon die unzähligen Sterne, die den Himmel in ein einziges Lichtermeer verwandeln. Und auch jetzt weiß man, dass Kolumbus' Ausruf »Diese Insel ist das Schönste, was Menschenaugen je erblickt haben« erneut zutrifft, egal, wo auch immer im Revier der Westindischen Inseln Sie sich gerade befinden mögen.

MERIAN TopTen

MERIAN zeigt Ihnen die Höhepunkte dieser Kreuzfahrt.
Das sollten Sie sich auf Ihrer Reise durch die Karibik nicht
entgehen lassen.

1 Zona Colonial von Santo
Domingo, Dom. Republik
In der Altstadt am Fluss Ozama
erbaute schon die Familie des
Seefahrers Christoph Kolumbus
ein Haus (▶ S. 37, 38, 42).

2 Dunn's River Falls, Jamaika
Die Kaskaden bei Ocho Ríos
ergießen sich über viele Stufen
ins Meer – ein Badespaß (▶ S. 44,
48, 50).

3 Altstadt von Havanna,
Kuba
La Habana Vieja ist eine 5 km²
große Schatzkammer von Kirchen,
Klöstern, Festungen und Palästen
(▶ S. 37, 52, 54).

4 El Morro, Puerto Rico
Treppen, Rampen und Tunnel: Die beeindruckende Festung
wacht seit dem 16. Jh. über der
Bucht von San Juan (▶ S. 61, 64).

⑤ English Harbour, Antigua

Boots- und Jachtzentrum in einem bedeutenden Naturhafen. Wo heute der Jetset ankert, lag im 18. Jh. bereits die Karibik-Flotte von Lord Nelson (▸ S. 70).

⑥ Curaçao Sea Aquarium

Korallen, Rochen, Haie ... in diesem Aquarium taucht man in die farbenprächtige Unterwasserwelt der Karibik ein – auch mit einem »Unterseeboot« (▸ S. 81).

⑦ Bibliothèque Schoelcher, Martinique

Der neo-koloniale Palast wurde 1893 von Paris auf dem Seeweg nach Fort-de-France transportiert – heute die schönste öffentliche Bibliothek der Karibik (▸ S. 94, 95).

⑧ Brimstone Hill Fortress, St. Kitts

Auf einem Felsvorsprung über dem Meer wartet ein beeindruckendes Fort. Von der Prince of Wales Bastion des UNESCO-Weltkulturerbes schweift der Blick auf die Nachbarinseln (▸ S. 110).

⑨ Twin Pitons, St. Lucia

Das Wahrzeichen der Karibik: Die Spitzkegelvulkane der Pitons ragen aus dem Regenwald, und im Tal zwischen ihnen locken Wanderwege und -pfade. Auf den Gros Piton kann man sogar hinaufklettern (▸ S. 110, 113).

⑩ Coral World Ocean Park, St. Thomas

Ein Pool für Schildkröten, eine Lagune für Rochen und ein ungewöhnliches Aquarium: Ein gläserner Turm bringt Besucher hinab ins Meer zu Korallen und Papageienfischen (▸ S. 115).

![Pool mit Palmen und historischem Turm in der Karibik]

MERIAN Tipps

Mit MERIAN mehr erleben. Entdecken Sie auf Ihren Landgängen das Leben und die besonderen Orte in den Hafenstädten der Karibik.

 Piraten der Karibik, Bahamas
In Nassau lässt ein interaktives Museum die abenteuerliche Zeit der Piraterie wieder lebendig werden (▶ S. 30).

 Marley lives, Jamaika
Bob Marleys Birthplace & Mausoleum in Jamaika hält die Erinnerung an den Reggae-König wach (▶ S. 48).

 Besuch in einer Rum-Destille, Barbados
In der Rum Factory & Heritage Park in Barbados kann man sowohl die Produktion beobachten als auch den Rum verkosten (▶ S. 80).

 **Likör aus Curaçao**
Der weltberühmte Orangenlikör schmeckt nirgendwo besser als auf Curaçao (▶ S. 82).

Unter dem Vulkan, Martinique

Das Vulkanmuseum erinnert an die Tragödie von St-Pierre; innerhalb von nur fünf Minuten wurde die ehemalige Hauptstadt der Insel im Jahr 1902 vollkommen zerstört (▸ S. 96).

Montpelier Plantation, Nevis

Ein historisches Plantagenhaus in Nevis beherbergt heute ein edles Hotel. Auf einer Wanderung durch tropische Vegetation gelangt man zu den Ruinen der ehemaligen Zuckerplantage (▸ S. 99).

Wandern im Regenwald, St. Kitts

Im Rain Forest von St. Kitts lässt sich die üppige tropische Flora und Fauna hautnah erleben; man lernt sogar, verschiedene Pflanzenarten an ihrem Geruch zu erkennen (▸ S. 109).

Drive-in Volcano, St. Lucia

Näher dran an einem aktiven Vulkan ist man sonst nirgendwo in der Karibik; der Geruch der blubbernden Schlammlöcher ist jedoch gewöhnungsbedürftig (▸ S. 112).

Golfen in der Karibik, St. Thomas

Auf den Klippen von St. Thomas genießen Golfer (und Nicht-Golfer) auf der herrlichen Anlage einen fantastischen Blick zu den Nachbarinseln (▸ S. 114).

Natur in Trinidad

Das Asa Wright Nature Centre lädt für ein paar Stunden in den faszinierenden Bergwald; nirgendwo sonst sieht man in so kurzer Zeit so viele Vogelarten (▸ S. 116).

Der Traum jedes Karibikurlaubers: lange weiße Sandstrände, türkis schimmerndes Wasser und Palmen, die sich sanft im Wind wiegen.

Zu Gast in der **Karibik**

Die Westindischen Inseln verzaubern mit prächtigen Sonnen-
untergängen und traumhaft schönen Stränden, mit karibischer
Küche und fröhlichem Karneval.

Praktische Infos

Einige Informationen, die das Leben an Bord erleichtern und die Reise angenehm gestalten, von Kabinen über Seenotrettungsübung bis Sport und Wellness.

◀ Ein Kreuzfahrtschiff beim Einlaufen in den Hafen von Willemstad (▶ S. 81).

Die Karibik gehört zu den schönsten Segelrevieren der Welt – kein Wunder, dass auch eine Kreuzfahrt einzigartige Erlebnisse bietet. Zwischen den im Norden liegenden Bahamas und der vor der Küste Venezuelas gelegenen Insel Bonaire warten viele Ankerplätze auf die Passagiere, können zahlreiche neue Inseln entdeckt werden. Eine eigene Welt ist auch das jeweilige Kreuzfahrtschiff, auf dem man fährt.

Aus Europa oder von Miami, Tampa und Fort Lauderdale (Florida) aus starten in rascher Folge die luxuriösen Passagierschiffe für mehrtägige bis mehrwöchige Cruises durch die Inselwelt der Antillen. Wer über genügend Zeit und Muße verfügt, bevorzugt die langsame Annäherung und besteigt bereits in Europa ein Kreuzfahrtschiff. Diese verkehren von diversen europäischen Häfen und benötigen für die Anreise (etwa von Genua über Madeira) mehrere Tage. Beliebter sind kombinierte Reisen, sogenannte Fly & Cruise-Arrangements, bei denen An- und Abreise nach Amerika per Flugzeug erfolgen. Ausgangs- bzw. Zielhafen dieser Kreuzfahrten sind auch andere Häfen der USA sowie San Juan (Puerto Rico).

Kosten, Kabinen, Komfort

Die Kosten für eine Kreuzfahrt schwanken beträchtlich und sind von folgenden Faktoren abhängig: der Saison, der gewählten Kabinenkategorie (Kabine oder Suite, innen oder außen) und dem gebotenen Komfort auf See. Ebenso wie bei Hotels lassen sich auch Kreuzfahrt-

schiffe in Sterne-Kategorien einstufen. Im Drei-Sterne-Segment ist man ab 200 € pro Person und Tag (inkl. Verpflegung) dabei, während es in der Luxusklasse in der Hauptsaison auch schon 800 € sein können. Frühbucher erhalten mitunter Vergünstigungen von mehreren Hundert Euro ebenso wie Last-Minute-Reisende.

Unterschiedlich ist die Anzahl der Passagiere auf Kreuzfahrtschiffen. Kriterium bei der Wahl eines Kreuzfahrtschiffes ist auch dessen Größe. Neuere Schiffe, die 14 Decks (Stockwerke) und mehr zählen, können weit über 3000 Passagiere an Bord nehmen. Dies bedeutet auf der einen Seite ein großes Angebot an Unterhaltungs- und Speisemöglichkeiten, kann auf der anderen Seite auch von Nachteil sein, etwa wenn Familien eine gewisse Unübersichtlichkeit bemängeln und der Nachwuchs sich eher schwer zurechtfindet.

Preislich am günstigsten ist auf Schiffen stets die Innenkabine, nämlich ohne Fenster. Diese verfügt aber in der Regel über einen Fernseher, der mithilfe einer Kamera »Meerblick« ermöglicht. Danach rangieren Außenkabinen mit Sichtbehinderung, etwa durch auf dem umlaufenden Gang befindliche Rettungsboote. Außenkabinen mit freier Sicht oder gar Balkon sind teurer. Ein Vielfaches kosten Suiten, die neben einem Schlafzimmer auch noch über einen separaten Wohnbereich verfügen sowie – auf modernen Luxuslinern üblich – mit Balkonen ausgestattet sind. Kostengünstiger sind auch Kabinen im vorderen Schiffsbereich, da dort mitunter stärkere Schiffsbewegungen auftreten können; am ruhigsten sind Kabinen in der Schiffsmitte. Je höher eine Kabine liegt, desto komfortabler und kostspieliger ist sie. Nach unten werden sie kleiner, auch die Fenster, die noch weiter unten zu Bullaugen werden und sich dann auch nicht mehr öffnen lassen.

Traumschiffe auf den Weltmeeren

Einige Kreuzfahrtschiffe haben zwei unterschiedliche Klassen. Die Cunard Line nennt die 1. Klasse »Grill Class« und bietet große, elegant eingerichtete Suiten und eigene Restaurants. MSC Cruises unterhält auf vier Schiffen den »MSC Yacht Club« mit Luxussuiten und Butlerservice. Die neue AIDAprima verfügt auf dem »Patiodeck« über 14 Suiten, einige mit Außenpool, Wintergarten und zwei Bädern. Norwegian Cruise Line bietet in der »Haven«-Klasse Suiten mit Patio.

Luxuriösestes Kreuzfahrtschiff der Welt ist nach wie vor die zur **Hapag-Lloyd** gehörende MS »Europa«. Der 1999 gebaute Luxusliner verfügt über ein außergewöhnlich großes Platzangebot in den nur 204 Balkon-Kabinen. Neben den von hoch dekorierten Köchen zubereiteten Menüs, der freien Sitzplatzwahl und einem Bordpersonal, das den Gästen fast jeden Wunsch erfüllt, sowie exquisiten Unterhaltungsangeboten wird auch ein maßgeschneidertes Ausflugsprogramm auf den karibischen Inseln geboten, das höchsten Luxus und Individualität vereint. Die 2013 in Dienst gestellte MS »Europa 2« nimmt maximal 500 Gäste auf.

Eine Sternstunde für deutsche Kreuzfahrer war im Mai 2009 die Taufe des neuen **TUI Cruises**-Schiffes »Mein Schiff« (www.tuicruises.com), das höchste Erwartungen erfüllt. Für Genuss und Individuali-

Von der eleganten Lounge des TUI Cruises-Luxusliners »Mein Schiff« (▶ S. 14) bietet sich ein atemraubender Blick auf Himmel und Meer.

tät sorgen luxuriöse Kabinen mit Balkonen und Veranden (ausgestattet mit Liebe zum Detail wie z. B. Espressomaschinen für den morgendlichen Kaffee) und zehn vorzüglichen Restaurants und Bistros sowie einem großzügigen und inspirierenden Wellnessbereich. Auch die fünf weiteren Schiffe der Serie »Mein Schiff« (»Mein Schiff« 2 bis 6) entsprechen den TUI Cruises-Anforderungen. Das neue »Mein Schiff 3« besitzt ein 25 m-Schwimmbecken, acht von zehn Kabinen haben einen Balkon, und für Fußballbegeisterte gibt es einen Bolzplatz an Deck.

Zu den beliebtesten Kreuzfahrtschiffen gehören in Deutschland die Ozeanriesen der Reederei **AIDA Cruises** (www.aida.de), eine Flotte, die eine unprätentiöse, junge Club-Atmosphäre mit Animation und viel Unterhaltung bietet.

Verwöhnprogramm

Stilvolle maritime Atmosphäre herrscht auf den Luxusschiffen »Silvercloud« und »Silverwind«, die zu **Silvercruises** (www.silversea.com) gehören. Statt auf Größe und Rundum-die-Uhr-Unterhaltung wird auf Individualität gesetzt. Bereits das Verhältnis Angestellte (400) zu Passagieren (382) verspricht Verwöhnservice. Der beginnt, wenn Sie persönlich zur Suite begleitet und mit Champagner der Marke Moët & Chandon begrüßt werden, und endet mit dem täglichen »Turndown«-Service, wenn beim Vorbereiten der Kabine für die Nacht Godiva-Schokolade als Betthupferl aufs Kissen gelegt wird. Das Restaurant Saletta bietet auch Outdoor-Dining an, Gäste treffen sich zum Portwein in der Bordbibliothek.

Besonders erfolgreich auf dem US-amerikanischen Markt ist die 1992 gegründete Gesellschaft **Celebrity Cruises** (www.celebritycruises. com). Eine Besonderheit der zur Fünf-Sterne-Kategorie gehörenden Schiffe sind die Spa Clubs an Bord, die (mit über 2000 m²) größten und bestausgestatteten Wellnesscenter auf den Weltmeeren. Neben Thalasso-Pools unter großen Atriumfenstern warten Jogging-Laufstrecke, Shiatsu und Akupunktur auf Interessierte Gäste. Glanzpunkt der Flotte sind die zur sogenannten Millennium-Klasse gehörenden Schiffe, mit einer Kapazität von 2450 Passagieren (und knapp 1000 Angestellten) die größten der Celebrity-Flotte, von denen etwa drei Viertel der Kabinen über eigene Balkone verfügen.

Vom Wellenreiten im »Flow Rider Surfpark«, von der Kletterwand zum Karaoke-Abend und der abendlichen Eiskunstlauf-Revue – die zur Kategorie der 4,5-Sterne-Schiffe gehörende Flotte der **Royal Caribbean International** (www.royal caribbean.com) zieht ein jüngeres, aktives Publikum an. Zur Flotte der 25 moderneren Schiffe gehört auch die über 15 Decks verfügende Freedom Class, mit einer Gesamtlänge von 339 m, 1818 Kabinen, 3634 Passagieren und einer Crew von 1360 die größten Kreuzfahrtschiffe der Welt. Die Kabinen sind geräumig (ab 14 m²), neben einem Hauptrestaurant stehen fünf Spezialitätenrestaurants zur Verfügung. Wellness und Unterhaltung gehören auch dazu.

Die Flotte der 25 **Carnival Cruise Lines**-Schiffe (Vier-Sterne-Kategorie, www.carnival.com) bietet luxuriös ausgestattete Spa- und Fitnesscenter, Pizzeria, Buffet- und Sushi-Restaurants neben den Hauptrestaurants sowie zahlreiche Bars, Nachtklubs und ein Casino. Im zweistöckigen Theater wird allabendlich ein Showprogramm geboten, das zwischen Las Vegas und Broadway angesiedelt ist.

Die Schiffe (Vier-Sterne-Kategorie) der **Princess Cruise** (www.princess.com) sind besonders beliebt bei US-amerikanischen Paaren mittleren Alters. Unterhaltung und Verpflegung sind hervorragend, legendär ist die während jeder Karibik-Kreuzfahrt veranstaltete »Island Night Deck Party«. Auf den drei Schiffen »Caribbean«, »Crown« und »Emerald Princess« können Sie im Café Caribe karibische Küche auch an Bord genießen.

Im Stil eines traditionellen Transatlantik-Liners ist die »Norway« gebaut. Der Kreuzer mit mehr als 300 m Länge, 1962 vom Stapel gelassen, sticht meist von Miami in See. Besonders Familien schätzen auf der »Norway« die drei Swimmingpools, die gekonnt inszenierten Broadway-Shows und das stilvolle Art-déco-Theater.

Ein Name, der seit 1840 weltweit für hohe Qualität steht, ist **Cunard Line** (www.cunard.com). Die Luxusliner der Flotte (Fünf-Sterne-Segment) sind gleichzeitig traditionell ausgestattet und verfügen über den modernsten Luxus. Schon seit 2003 gehört die »Queen Mary 2«, die das legendäre Kreuzfahrtschiff »Queen Elizabeth 2« ablöste, zur Cunard. Der Luxusliner ist eindrucksvoll ausgestattet, angefangen von der sechsstöckigen Grand Lobby bis zu den Kabinen, von denen noch die kleinsten über eine Raumgröße von rund

18 m² verfügen. Zehn Restaurants, zwölf Bars, Theater und Bibliothek sowie fünf Pools, Fitnesscenter, Canyon Spa Club, Jogging-Pfad und Golfsimulator sind nur einige der luxuriösen Ausstattungsdetails.

Unterwegs in der Karibik wird man bald feststellen, dass einige Inseln keinen Pier für Kreuzfahrtschiffe besitzen und sie vor dem Hafen auf Reede liegen. Der Transport der Passagiere vom Schiff in den Hafen (und zurück) erfolgt durch Tenderboote für 50 bis 100 Passagiere. Bei mehreren Tausend Passagieren kann das mitunter eine Weile dauern.

Klima und Dresscode

In der Karibik herrscht ganzjährig tropisches Klima; in den Koffer gehören leichte Baumwoll- und Leinenbekleidung. Einige (vorwiegend europäische) Kreuzfahrtschiffe haben oft eine Kleiderordnung, d. h., zum Essen wird Wert auf formale Bekleidung gelegt (lange Hosen, Krawatte, Jackett für Herren, evtl. auch Dinnerjacket, für Damen Abendkleid). Auf US-Schiffen geht es legerer zu.

Das Einschiffen

Zunächst wird das Gepäck abgegeben und vom Bordpersonal zu Ihrer Kabine gebracht. Man erhält eine Schlüsselkarte, meist eine Chipkarte mit Foto, die auch als Bordausweis fungiert und zum bargeldlosen Bezahlen verwendet wird sowie der Kontrolle beim Landgang dient. Hierzu wird ein Abzug der Kreditkarte gemacht. Beim Betreten des Schiffes macht man auch die erste Bekanntschaft mit dem Bordfotografen; seine Fotos kann man später erwerben. Wenn die Tischreservierung nicht schon zu Hause erfolgt ist, geschieht dies bald nach dem Einschiffen, für gewöhnlich werden die Gäste beim Essen in zwei Sitzungen bedient.

Zu Beginn der Reise werden die Reisenden auch mit den Sicherheitsbestimmungen an Bord vertraut gemacht. Dazu versammeln sich die Passagiere, bekleidet mit Schwimmwesten, an den Rettungsbooten und werden in die Vorgehensweise im Notfall (»Rettung«) eingewiesen.

Veranstaltungen an Bord

Per Bordfernsehen, mittels Rundschreiben, Durchsagen und Bordzeitungen werden die Passagiere auf Veranstaltungen aufmerksam gemacht, die mit den Gepflogenheiten an Bord vertraut machen, auf Freizeit, Sport, Nachtleben und Animationen hinweisen sowie auf Vorträge, die Landgang und Ausflüge

vorbereiten. Wichtig ist der Schalter für die Landausflüge. Hier kann man Informationen über die Inseln und Häfen einholen und auch Ausflüge buchen. Oft gibt es dort einen Plan der Insel und einen Stadtplan der Hafenstadt.

Das Ausschiffen

Das Ausschiffen am Ende der Kreuzfahrt kann wieder etwas langatmig werden, doch angesichts der herrlichen zurückliegenden Tage nehmen dies die Passagiere meist mit Gelassenheit hin. Wieder zu Hause, halten nicht zuletzt auch die gelegentlichen Werbebriefe der Reederei (falls Sie hierzu Ihre Zustimmung gegeben haben) die Erinnerung wach und motivieren, bald wieder an Bord zu kommen. Die Karibik ist schließlich ein großes Revier, und es gibt noch viele weitere Inseln und Inselchen zu entdecken.

Grüner reisen

Kreuzfahrten sind aus ökologischer Sicht nicht unumstritten: Auf den riesigen Schiffen wird nicht nur überproportional viel Energie für den reinen Passagiertransport verwendet, sondern auch für andere Dinge wie Wasseraufbereitung oder Heizung. Zudem entstehen täglich mehrere Tonnen Müll sowie Abwässer und Emissionen. Doch die Kreuzfahrtreedereien sind sich ihrer Verantwortung für das Ökosystem Meer inzwischen durchaus bewusst. Die Entwicklung neuartiger Antriebssysteme, technische Innovationen, z. B. bei der Abwasseraufbereitung, oder das Einsparen und Recyceln von Müll sind bei allen großen Anbietern selbstverständlich. Die

AIDA-Schiffe beispielsweise sind nach der internationalen Umweltnorm ISO14001 zertifiziert. Während einer Karibikkreuzfahrt bieten sich Ihnen viele Möglichkeiten, sich an Land umweltbewusst zu verhalten und Menschen zu unterstützen, denen ein verantwortungsvoller Umgang mit der Natur am Herzen liegt, beispielsweise durch den Besuch von Restaurants, die (Bio-)Lebensmittel aus der Region verwenden, oder dem Einkauf in kleinen Läden, die noch traditionelle Produkte fertigen.

Grüne Empfehlungen sind durch dieses Symbol gekennzeichnet.

Essen und Trinken

Fliegende Fische, Süßkartoffeln und Ingwerbrot, Muskat-
nusskuchen, Rumcocktails und Pepperpot: In der Karibik
liebt man es exotisch und feurig gewürzt.

◄ Mount Gay Rum (▶ S. 80) aus Barbados ist bei den Gästen heiß begehrt.

So bunt gemischt wie die Inseln und ihre Menschen ist auch die Küche der Karibik. Sie vereint Einflüsse aus afrikanischen, indianischen und asiatischen Kochtöpfen mit den Küchengeheimnissen der ehemaligen Kolonialherren, der Briten, Franzosen, Spanier und Niederländer. Jede Insel hat ihre eigenen Spezialitäten, und überall triumphiert die Lust am Genuss. Jahrhundertelang existierten keine schriftlichen Aufzeichnungen über die Zubereitung der auf vielen Inseln so beliebten »pepperpots« und »callalous«. Mütter gaben ihren Töchtern ihre eigenen Rezepte für die scharf gewürzten Eintöpfe aus verschiedenen Fleisch- und Gemüsesorten weiter.

Duftende Gesamtkompositionen

Auf allen Inseln verbreitet sind Huhn (gegrillt, gebraten, in würziger Kokossauce), Schwein und Lamm. Köstlich sind die verwendeten Gewürze. Eine herrlich duftende und schmeckende Gesamtkomposition ist »coconut lamb with gin, lime and garlic«, nämlich Lamm in Kokosnusssauce mit Gin, Limette und Knoblauch. Unwiderstehlich ist auch »jerked pork with baked sweet potatoes«, gebratener Schweinerücken mit gebackenen Süßkartoffeln, eine Spezialität aus Barbados. Ursprünglich stammt die »jerked« genannte Zubereitungsart aus Jamaika. Dort war es üblich, in einer Marinade aus Zwiebeln, Essig, Sojasauce und exotischen Gewürzen eingelegtes Schweinefleisch ganz langsam im Ofen garen zu lassen.

Ein Klassiker ist »broiled lobster«, Hummer, der durch »pineapple & brandy sauce« (Ananas-Brandy-Sauce) eine tropische Note erhält. Beliebt ist auch »dolphin fish«, ein Speisefisch mit delikatem weißen Fleisch, auch »mahi-mahi« genannt. Probieren Sie »grilled mahi-mahi with red pepper«, gegrillte Goldmakrele mit roten Pfefferschoten.

Fangfrisch aus dem Meer

Auf den Französischen Antillen werden als Vorspeise »crabes farcis« serviert: kleine, mit Kräutern und Knoblauch gewürzte Taschenkrebse. Probieren sollte man auch »blackened fish«, mariniert und scharf angebraten. Auf den Speisekarten der britischen Leeward-Inseln, von St. Kitts bis Dominica, zu finden ist »corn soup with pumpkin bread«, Maissuppe mit Kürbisbrot.
Beliebte Vorspeisen sind auf allen Inseln die »acras«, frittierte Fischbällchen, die in scharfe Saucen gedippt werden.

Tropische Früchte

Eine besondere Gaumenfreude sind die Desserts, beispielsweise »banana ice cream«, die frisch zubereitet und in Kokosnussschale serviert wird. Standardrezept auf Trinidad wie Barbados ist ein »lemon cornmeal cake«, ein Zitronen-Maismehl-Kuchen, der mit Mango- oder Ananascreme gefüllt wird.

Empfehlenswerte Restaurants finden Sie bei den Orten im Kapitel ▶ **Unterwegs in der Karibik.**

Preise für ein dreigängiges Menü:

€€€€	ab 45 €	€€€	ab 20 €
€€	ab 30 €	€	bis 15 €

Einkaufen

Zigarren aus Kuba und Rum aus Puerto Rico sind typische
Mitbringsel. Dazu kommen Gewürze, Korbwaren und fröhlich-
bunte Bilder mit Alltagsszenen.

◀ In Kuba (▶ S. 52) werden Zigarren noch kunstvoll von Hand gedreht.

Es bleibt selten nur beim Anschauen. Auf einer Kreuzfahrt, wo man innerhalb kurzer Zeit die unterschiedlichsten Orte kennenlernt und so viele schöne Dinge auf einmal sieht, wird Shopping meist zur liebsten Nebensache der Reise. Den Passagieren wird es auch insofern leicht gemacht, als sich Geschäfte meist in der Nähe befinden, sowohl an Bord als auch beim Landgang. In den Cruise Terminals der Inseln findet man Dutzende von (zollfreien) Einkaufsmöglichkeiten, vom kleinen Stand oder Shop mit T-Shirts bis hin zur Designer-Boutique. Die Häfen sind gut auf die Kreuzfahrer vorbereitet. Immer gehören Schmuck, Parfüm, Elektronikartikel, Kunsthandwerk und alkoholische Getränke zum Angebot.

Will man elektronische Geräte oder Kameras zollfrei erstehen, sollte man zuvor für die gewünschten Artikel die üblichen Heimatpreise kennen, um vergleichen zu können. Das Angebot an zollfreien Waren ist in St. Thomas (US-Jungferninseln), San Juan (Puerto Rico) und Nassau (Bahamas) besonders reichhaltig.

Zigarren, Rum und Vanille

Natürlich besitzt jede Insel ihre eigenen Spezialitäten: Kuba hat die besten Zigarren, auf Barbados ist das Angebot an Rum besonders groß. Aus Puerto Rico stammen Bacardi und Hängematten. Die Gewürzinsel Grenada bietet Vanilleschoten, Muskatnüsse, Zimtstangen, Nelken und andere beliebte tropische Gewürze, für Besucher praktisch zusammengestellt in kleinen Präsentkörben.

Jamaika offeriert auf seinen Craft Markets neben einer Vielfalt an Korbwaren auch Reggae-CDs.

Auf Trinidad und Tobago lebt die Musik der Steelbands; hier kauft man auch für ein paar Euro bunt angemalte »steel pans«, Musikinstrumente, denen schon Kinder die typischen Rhythmen entlocken können. Die Lust am Dekorativen lebt auf den Französischen Antillen, wo Sie wunderschönen Muschelschmuck in allen Preisklassen kaufen können.

Farbenfrohe Souvenirs

Die Kunst der Holzschnitzerei ist auf vielen Inseln lebendig. Aus Tropenhölzern von Plantagenanbau werden Kämme, Schalen und Skulpturen gefertigt, individuell und rustikal zugleich. Immer wieder werden auch Gemälde zum Kauf angeboten. Auf Straßen und Plätzen aufgebaut werden Staffeleien mit den farbenfrohen, naiven Szenen, die das Leben der Menschen in der Karibik zum Thema haben: Frauen, die Melonen auf dem Kopf nach Hause transportieren, Männer bei der Ernte auf dem Feld, westindische Häuser. Beim Kauf wird die Leinwand des Bildes vom Rahmen getrennt und zusammengerollt und nimmt so kaum Platz in Anspruch.

An den Zoll im Heimatland muss man bei der Rückkehr denken. Es gibt Beträge, die nicht überschritten werden dürfen. Beachten Sie auch, dass die Einfuhr von Korallenschmuck, Conch-Schnecken und Schildpatterzeugnissen verboten ist.

Empfehlenswerte Geschäfte finden Sie bei den Orten im Kapitel ▶ **Unterwegs in der Karibik.**

Karneval in der Karibik

Auf einer der Inseln findet immer Karneval statt: wild, ausgelassen, mit heißen Rhythmen. Besonders mitreißend ist das Geschehen in Trinidad und Barbados.

Nach dem Karneval ist vor dem Karneval – auf manchen Inseln dauern die Vorbereitungen das ganze Jahr. So auch auf Trinidad: wenn sich alljährlich im Februar zwei Millionen Menschen für mehrere Tage ununterbrochen den elektrisierenden Rhythmen der Steelbands und der Calypso- und Soca-Gruppen hingeben, den Farbenrausch der Umzüge beklatschen, auf den Straßen getanzt, gesungen, gefeiert wird, der Rum in Strömen fließt und die Menschen bei der größten Party der Welt (nach Rio de Janeiro) in einen Taumel geraten. Bereits viele Monate vorher üben die Bands für das Ereignis, schaffen Kostümdesigner auf-

wendige Kreationen, die in eigens darauf spezialisierten Werkstätten gefertigt werden.

Erbe der Kolonialzeit

Was heute so selbstverständlich zum Festkalender gehört, stammt bereits aus der Zeit der europäischen Kolonialherren, die das in ihrer Heimat geschätzte Ereignis in die Karibik brachten. Im Laufe der Jahrhunderte vermischten sich die aus Europa stammenden Kostüme und Masken mit denen des afrikanischen Kontinents und dessen Glaubensformen. Heute wird Karneval in der gesamten Karibik begeistert gefeiert. Die im Jahreskalender dafür vorgesehene

◄ Höhepunkt des Karnevals ist das Maskenfest in Port of Spain (▶ S. 116).

Zeit passte sich den Bedürfnissen und dem Rhythmus der jeweiligen Insel an; in Barbados zum Beispiel integrierte man den Karneval in die Monate Juli und August nach der Zuckerrohrernte und dem Erntedankfest (»Crop Over«). Anfang August wird der Karneval auf Barbados mit farbenfrohen Umzügen, Tänzen und Trommelparaden gefeiert. An den Stränden werden Grills aufgebaut, Rumpunsch und Bier ausgeschenkt.

Auch auf den Inseln Antigua, Grenada und Kuba feiert man Karneval im Juli/August. Auf St. Kitts wurde Karneval auf die Zeit zwischen Weihnachten und Neujahr gelegt, da die auf den Zuckerrohrplantagen schuftenden Sklaven in dieser Woche arbeitsfrei hatten. Im Dezember regieren die Narren auch auf St. Croix, Saba und Sint Eustatius, und da die Bewohner von Saba und St. Eustatius so begeistert sind von den Festivitäten, begeht man hier Karneval gleich noch einmal im Juli.

In Havanna auf Kuba feiert man im Juli. Neben der Altstadt ist einer der interessantesten Schauplätze die Uferpromenade Malecón, wo sich Open-Air-Restaurants und Musikbühnen aneinanderreihen. Menschen tanzen auf den Straßen, nicht anders als auf den Nachbarinseln, eine Ekstase aus Tönen und Farben.

Calypso und Reggae

Größtes Ereignis der Karibik ist der Karneval (»Mas«, Abkürzung von Masquerade, nämlich Maskenfest) von Trinidad am Rosenmontag (»Joo Vay«, »Jour Ouvert«) und Faschingsdienstag (»Mardi Gras«).

Die Besucher kommen aus aller Welt. Das Zentrum des Geschehens ist La Savannah, der größte Platz der Hauptstadt Port of Spain. Dort führt der Umzug der Calypso-, Reggae- und Steelband-Musikgruppen vor den großen Zuschauertribünen vorbei. Der Ablauf des Festes ist in zahlreiche »Mas«-Bands gegliedert. Ein sogenannter Bandleader wählt das Thema, das für die jeweilige Gruppe bestimmt, wie die Kostüme in etwa auszusehen haben. Tausende von Menschen flanieren in Gruppen mit jeweils gleicher Kostümierung zum Rhythmus der Musik über die Straßen.

Die Steelbands proben am Strand für den großen Auftritt. Die Frauen gehen in ihre Clubs zum Entwerfen und Schneidern der Kostüme. Wenn es dann soweit ist, trifft man sich mitten in der Nacht. Um 3 Uhr morgens bewegen sich Männer und Frauen mit wiegenden Hüften im Socca-Tanzstil. Beim Karneval auf Trinidad gehört »Bacchanal«, das wüste Trinkgelage, wie man es im alten Rom gekannt hat, zum guten Ton und zum allgemeinen Sprachgebrauch.

Eigens für Fasching komponiert werden auf Trinidad jedes Jahr die Calypsos. In der Nacht zum Rosenmontag wird dann jene Musikkapelle gekürt, deren Calypso bislang am häufigsten auf den Straßen zu hören war und die den größten Anklang bei der Bevölkerung fand – ein Riesenereignis, denn in Trinidad sind erfolgreiche »Calypsonians« die wahren Helden der Insel.

Weitere Infos unter:
www.carnaval-martinique.info
www.curacaocarnival.info

Die Twin Pitons (▶ S. 110) auf St. Lucia gelten als Wahrzeichen der
Karibik: Gros Piton (im Bild) und der etwas kleinere Petit Piton.

Unterwegs in **der Karibik**

»Ich sah so viele Inseln, dass ich mich nicht entscheiden konnte, welche zu besuchen«, schrieb Christoph Kolumbus 1492 in sein Bordbuch, als er die Karibik erreicht hatte.

Bahamas und Turks & Caicos

Die beiden Inselgruppen versprechen Naturerlebnisse
und einen kultivierten Way of Life. US-Amerikaner prägen
das Alltagsleben, die Gastro- und Geschäftsszene.

◄ Beim Einlaufen in Nassau begrüßt einen das Luxushotel Atlantis (▸ S. 32).

Nur 160 km südlich von Miami bilden mehr als 700 Inseln und über 2000 »cays«, kleine und kleinste Korallenkalkinseln, das Archipel der Bahamas. Die Bahamas sind nach mehr als drei Jahrhunderten als englische Kolonie seit 1973 ein unabhängiger Staat im Britischen Commonwealth. Kaum drei Dutzend der Inseln sind bewohnt und bieten eine gut entwickelte touristische Infrastruktur mit vielen Hotels im oberen Preissegment, vorzüglichen Restaurants und attraktiven Freizeiteinrichtungen. Nicht wenige US-Amerikaner unterhalten auf den Bahamas einen Zweitwohnsitz. Obwohl die Bahamas geografisch zur Karibik gehören, fühlt man sich mitunter an Florida erinnert. Über 80 % der Bewohner sind Nachkommen ehemaliger afrikanischer Sklaven.

Rund 350 km südöstlich der Bahamas liegen die 40 Inseln, die sich in die Turks- und die Caicos-Inseln gliedern. Sie sind der Überlieferung zufolge 50 Jahre vor Kolumbus von den Türken entdeckt worden und bilden heute ein britisches Überseegebiet mit weißen Stränden, umgeben von Korallen und türkisfarbenem Meer.

BAHAMAS   ▸ Klappe vorne, b 1–d 2

Wer von den Bahamas spricht, meint in der Regel die Insel New Providence und deren Hauptstadt Nassau. In New Providence, mit 34 km Länge und 11 km Breite eine der eher kleineren Inseln der Bahamas, leben zwei Drittel der rund 392 000 Einwohner. Die Schönheit und Berühmtheit ihres Eilands teilen sie mit vielen anderen: Jährlich besuchen

etwa eine Million Touristen New Providence, das weiße Strände, hervorragende Hotels, Restaurants und vorzügliche Shopping-Möglichkeiten bietet.

Nassau (New Providence)
▸ S. 144, E 1/2

255 000 Einwohner
Stadtplan ▸ S. 29

Das an der Nordostküste liegende Nassau, nach Wilhelm von Oranien-Nassau, dem damaligen englischen König, benannt, ist Hauptstadt des »Commonwealth of The Bahamas«. Die Stadt, kulturelles und wirtschaftliches Zentrum der Inseln und einer der geschäftigsten Kreuzfahrthäfen der Karibik, ist kosmopolitisch und modern, verführt aber gleichzeitig mit bahamischer Tradition und vielen historischen Bauwerken.
Kreuzfahrtschiffe ankern für gewöhnlich an der **Prince George Wharf** im Zentrum von Nassau.

SEHENSWERTES
Auf den Spuren von James Bond
Die Bahamas sind das Lieblingsrevier von Agent 007. Bereits sechs Filme wurden hier gedreht. Szenen des Films »Thunderball« von 1965 wurden im Café Martinique auf Paradise Island aufgenommen, das mittlerweile im Luxusresort Atlantis neu eröffnet wurde. Ein ebenfalls beliebter Drehort war die Lobby des 1920 erbauten Hotels Colonial, heute ein Hilton-Hotel (Paradise Island). Die geschäftige Bay Street wurde immer wieder zum Schauplatz für Bond-Filme, wenn dort am 26. Dezember und am 1. Januar die farbenprächtige Junkanoo-Parade während des Junkanoo-Karnevals stattfindet.

Fort Charlotte   ▸ S. 29, westl. a 2

Das von Zinnen gekrönte Befestigungsbauwerk wurde am westlichen Stadtrand Ende des 18. Jh. von Lord Dunmore erbaut und ist das größte der drei städtischen Forts. Es besitzt Verliese, eine Zugbrücke, einen Wassergraben und ist häufig Schauplatz für abendliche Veranstaltungen.
West Bay Street • tgl. 8–16 Uhr • Eintritt 5 BSD

Fort Fincastle   ▸ S. 29, b 3

Diese etwas ungewöhnliche, schiffsartige Befestigungsanlage aus Kalksandstein wurde 1793 von Lord Dunmore, dem damaligen Gouverneur, aus Sicherheitserwägungen heraus auf Bennet's Hill erbaut. Da sich in der Geschichte des Forts kein Feind blicken ließ, diente die Fortanlage zunächst als Leuchtturm. Von dem 1928 auf Bennet's Hill errichteten Wasserturm genießt man einen herrlichen Ausblick auf die gesamte Anlage und über die Insel. Sie erreichen das Fort von der Stadt aus über die 65 Stufen der Queen's Staircase.
Queen's Staircase, Elizabeth Avenue, ab Shirley Street • geführte Touren tgl. 8–16 Uhr • Eintritt frei

Junkanoo Expo   ▸ S. 29, a 2

Stelzen und Kostüme aus gekräuseltem Papier, riesige, mit Ziegenfell bespannte Trommeln, Clown-Kostüme mit hohen, spitzen Hüten, Masken aus Leder und Naturschwämmen: eine Dauerausstellung, die die typischen Kostüme der zu Weihnachten und Neujahr stattfindenden Junkanoo-Umzüge zeigt. Die farbenprächtigen, von mitreißender Instrumentalmusik begleiteten Paraden zeigen Elemente des afrikanischen Ahnenkults der Yoruba, von dem die Mehrheit der Bahamen abstammt.
Prince George Wharf • tgl. 10–16 Uhr • Eintritt 2 BSD

Queen's Staircase   ▸ S. 29, b 2/3

Von der Stadt zum Fort Fincastle führt eine 30 m lange Treppe. Die Stufen wurden 1793–94 von afrikanischen Sklaven in mühevoller Arbeit aus dem Felsen gehauen, um eine schnelle Verbindung zwischen Stadt und Fort zu sichern. Die insgesamt 65 Treppenstufen symbolisieren die 65-jährige Regierungszeit von Königin Victoria (1837–1901).
Elizabeth Avenue, ab Shirley Street

MUSEEN

National Art Gallery of the Bahamas   ▸ S. 29, westl. a 2

Die Kunstgalerie gilt als bestes der zahlreichen städtischen Museen: In der historischen Villa Doyle von 1866, einem großen, repräsentativen Bauwerk mit zwei Flügeln und mit umlaufenden Veranden, verschafft man sich einen Einblick in die lebhafte Kunstszene der Bahamas. Zu sehen sind Kunstobjekte, Gemälde, Fotografien und Installationen.
West Hill Street, Ecke West Street • www.nagb.org.bs • Di–Sa 10–17, So 12–17 Uhr • Eintritt 10 BSD

SPAZIERGANG

Stadtplan ▸ S. 29

Starten Sie Ihren Rundgang am Welcome Center der **Prince George Wharf**, dem Liegeplatz der Kreuzfahrtschiffe, wo Sie nicht nur Broschüren erhalten, sondern auch Touren buchen können. **Festival Place** heißt hier das hallenähnliche Gebäude voller kleiner Verkaufsstände, die Kunstgewerbe und

Nassau

0   300 m

Paradise Island

Atlantis Paradise Island Resort

Casino Drive

Paradise Island Dr.

Bayview Dr.

Harbour Rd.

Paradise Island Dr.

Harbour Dr.

Mostly Lane

Fowler Street

East Bay Str.

William Street

Shirley Street

Harbour

Hurricane Hole

Potter's Cay

Paradise Island Br.

European Art Mus. and Gallery

Shirley Street Theatre

Mackey Street

Paradise Lagoon

Drive

Dolphin Encounters

St. Matthew's Church

Ernest St.

Alice St.

Ebenezer Methodist Church

Shirley Slope

Paradise Beach

Casuarina Dr.

Casuarina Dr.

Cove Dr.

Paradise

Pirates

Shirley Park Avenue

Buen Retiro Road

Sears Road

Canaan Lane

Sweeting St.

Mount Royal Avenue

Second Terr.

Collins

Third Terr.

Paradise Beach

Nassau

Bay Street

Shirley Street

Street

Well

Doctor's Hospital

Deveaux Street

Princess Margaret Hospital

Victoria Avenue

Elizabeth Avenue

Historical Museum

Rawson Square

Sands Ave.

Fort Fincastle

Water Tower

North Street

Masons Add.

Prince George Wharf

Junkanoo Expo

Public Library

Shirley Street

East Hill Street

Police Headq.

Gaol Al.

Evans St.

Street

Pompey Museum

Straw Market

Parliament Square

Frederick Street

Government House

Balcony House

George Street

Bay Street

Clinton Street

School Ln.

Market Street

Lewis Street

Pirates of Nassau

National Art Gallery

Fort Charlotte

Strohhüte feilbieten. Im Hairbraider's Centre haben die Friseure der Insel ihre Stände und flechten die Haare ihrer Kunden zu Zöpfchen. Vorbei am **Straw Market** passieren Sie die **Bay Street**. Sie ist die älteste Straße von Nassau, früher »The Strand« genannt, Grenze zum Hafen und heute die Hauptstraße der Stadt. Über die Cumberland Street, vorbei am Piratenmuseum (»**Pirates of Nassau**«), gelangen Sie zum **Government House**; das repräsentative Gebäude von 1801 mit hohen Säulen in Weiß und leuchtendem Rosa beherbergte bis 1973 den Amtssitz des Gouverneurs. Sie passieren die **Nassau Public Library** in der East Hill Street, zwei Querstraßen weiter östlich, und gelangen zum nördlich davon liegenden **Parliament Square**. Nur getrennt durch die daran anschließende Bay Street liegt der zweite große Hauptplatz von Nassau, genannt **Rawson Square**.
Dauer: 1,5 Stunden

⭐ **① MERIAN Tipp**

PIRATEN DER KARIBIK

Im Museum »Pirates of Nassau« wird die abenteuerliche Zeit der Piraterie wieder lebendig, eine Epoche, in der auch die Bahamas im Zentrum des Interesses standen. Das Piratenschiff »Revenge« (Rache) zeigt Besuchern, wie die Herren der Meere damals lebten und liebten, welche Schätze erbeutet wurden und wie daraus Legenden entstanden.
George Street/Ecke King Street • Tel. 2 42/3 56-37 59 • www.pirates-of-nas sau.com • Mo–Sa 9–18, So 9–12 Uhr • Eintritt 13 US-$, Kinder 6,50 US-$

ESSEN UND TRINKEN

Graycliff ▸ S. 29, westl. a 2
Edel und stilvoll • 1740 erwarb der Piratenkapitän John Graysmith dieses Haus, das heute ein stilvolles Fünf-Sterne-Hotel beherbergt. Das angeschlossene Restaurant, untergebracht in einer von Säulen flankierten Villa, gehört zu den besten Adressen Nassaus: Bei Piano-Klängen werden kontinentale und lokale Gerichte serviert; Cocktails nimmt man in der ehemaligen Bibliothek ein. Zum Dinner ist eine Reservierung erforderlich.
8–12 West Hill Street • Tel. 2 42/3 02-91 50 • www.graycliff.com • Mo–Fr 12–15, tgl. 19–22.30 Uhr • €€€€

East Villa ▸ S. 29, e 3
Karibik und Asien vereint • Seit mehr als zwei Jahrzehnten eine der besten Adresse auf den Bahamas, um asiatisch zu essen. Authentische Szechuan- und kantonesische Küche aus China, auch »continental specialities« (Steaks und Lammfleisch, Fisch etc). Die edel designte Villa wird geschätzt auch von VIPs und Prominenten wie Michael Douglas und Catherine Zeta-Jones.
East Bay Street • Tel. 242/393 33 77 • www.eastvillabahamas.com • Mo–Fr 12–15, 18–23, Sa 18–23, So 12.30–15, 18–22 Uhr • €€€

Café Matisse ▸ S. 29, a 2
Mit schönem Garten • Lobster-Lasagne und Pizza Frutti di Mare: italienische Küche mit karibischen Elementen in einem 100 Jahre alten kolonialen Herrenhaus im Zentrum von Nassau.
Bank Lane, beim Parliament Square • Tel. 2 42/3 56-70 12 • www.cafe-matisse.com • Di–Sa 12–23 Uhr • €€

EINKAUFEN

Haupteinkaufsstraße ist die Bay Street, die parallel zum Meer und zum Hafen verläuft. Hier sind ungezählte Boutiquen für inseltypische Spezialitäten und Duty-free-Waren in farbenfrohen Kolonialhäusern untergebracht.

AM ABEND

Nachtklubs, Bars, Diskotheken und Spielcasinos finden sich in fast allen Hotels in Nassau und Paradise Island. Besonders beliebt bei den Touristen sind Shows, die Feuerschlucken, Limbotänze, teilweise auch kleine Junkanoo-Paraden vereinen.

STRÄNDE

Puderzuckersand, türkis schimmerndes Meer mit kristallklarem Wasser, Palmen und Hotels: Neben **Cable Beach**, westlich von Nassau,

ist die kleine vorgelagerte und durch einen Damm mit New Providence verbundene Insel **Paradise Island** ein bevorzugtes Zentrum des Tourismus.

An den Stränden von **Arawak Cay**, der künstlich angelegten Insel am Stadtrand von Nassau und durch zwei Brücken mit Stadt und Festland verbunden, trifft sich die Bevölkerung an Wochenenden zu karibischer Musik, die von DJs aufgelegt wird, und labt sich an den Spezialitäten der vielen Garküchen, die Cocktails und frische »Conch«-Salate offerieren. Sehr beliebt ist Harry's Hut, Restaurant, Bar und Club mit Blick auf die Skyline von Nassau.

SERVICE

AUSKUNFT

Tourism Office   ▶ S. 29, a 2

Rawson Square, Bay Street • Tel. 2 42/3 22-78 01 • www.bahamas.de

Captain »Jack Sparrow« lässt grüßen: Im Museum »Pirates of Nassau« (▶ MERIAN-Tipp, S. 30) erwacht die glorreiche Ära der Piraterie zu neuem Leben.

Ausflug

◎ **Paradise Island** ▸ S. 29, e 1

Türmchen und zwei gigantische, rosafarbene Hochhäuser, die durch eine Brücke in den oberen Stockwerken miteinander verbunden sind: Das **Atlantis Paradise Island Resort**, die größte und vielseitigste Hotelanlage der Bahamas, bietet auch einen Wasserpark zwischen Kokospalmen am Meer, der durch seine Größe als auch Ausstattung beeindruckt. Riesige Rochen, Meeresschildkröten und Seepferdchen: Das ebenfalls zum Atlantis gehörende Marine Habitat ist mit elf Lagunen und 50 000 Meeresbewohnern das größte Meeresaquarium der Welt und sicher auch das ungewöhnlichste, nämlich dekoriert mit Bauelementen der mystischen Unterwasserstadt Atlantis. Zum Hotel gehört neben der eleganten Einkaufspassage Marina Village auch ein riesiges Spielcasino.

Paradise Island • www.atlantisbahamas.com • tgl. 9–17 Uhr
3 km nördl. von Nassau

Freeport/Lucaya (Grand Bahama) ▸ S. 138, B 3

Stadtplan ▸ S. 33

Am Nordrand der Bahamas, nördlich von Nassau, liegt die etwa 120 km lange und bis zu 25 km breite Insel Grand Bahama (55 000 Einwohner) mit der Verwaltungsstadt Freeport an der Südküste, einem der Haupthäfen für Kreuzfahrtschiffe und erst 1955 gegründet. Östlich an Freeport schließt sich Port Lucaya an. Die drei Kinofilme der Filmreihe »Fluch der Karibik« mit Johnny Depp als »Captain Jack Sparrow« wurden allesamt auf Grand Bahama gedreht.

Der Stadtteil **Lucaya** lockt mit seinem neben dem Jachthafen gelegenen Port Lucaya Marketplace, dessen Geschäfte (Mo–Sa 10–18 Uhr) viele Shopper anziehen und der abends zum Vergnügungsbezirk wird, und seinem neuen Casino.

Ein Vergnügungsviertel erstreckt sich um den Count Basie Square (der Swing- und Jazzmusiker lebte auf Grand Bahama) mit zahlreichen Geschäften und Restaurants. Abgesehen von zahlreichen Duty-Free-Shops, Casinos und Shoppingmalls in Freeport und Lucaya besticht Grand Bahama Island durch seine landschaftliche Schönheit.

GRAND TURK ISLAND

▸ Klappe vorne, d 2

Karte ▸ S. 139

Südöstlich der Bahamas liegen in 300 bis 400 km Entfernung die Turks & Caicos Islands, von denen acht der ingesamt 40 Inseln bewohnt sind (36 000 Einwohner). In politischer Hinsicht sind sie eine britische Kronkolonie. Die Inseln sind umgeben vom drittgrößten Korallenriff der Welt und gliedern sich in die größeren (nordwestlichen) Caicos und die kleineren (südöstlichen) Turks. Die Insel Grand Turk mit der Hauptstadt Cockburn Town liegt daher südöstlich der South Caicos. Sie ist 11 km lang und ca. 2 km breit. Von Februar bis April ziehen 2500 Buckelwale durch die karibischen Inseln und versammeln sich an der **Mouchoir Bank**, 50 km südöstlich von Grand Turk: ein einzigartiges Naturschauspiel.

Kreuzfahrtschiffe legen am **Cruiseship Pier** an der Südwestseite der Insel an, der mit 900 m Länge zwei Schiffe aufnehmen kann.

Cockburn Town ► S. 139, B 3

4000 Einwohner

Das etwas verschlafen wirkende, 1681 gegründete Siedlung Cockburn Town, seit 1766 Hauptstadt und Verwaltungszentrum der Turks & Caicos, besitzt pastellfarbene Häuser im karibischen Kolonialstil und verbreitet eine nostalgische westindische Stimmung.

SEHENSWERTES

Grand Turk Lighthouse

Der Leuchtturm an der Nordspitze der Inseln diente ab 1852 der amerikanischen Seefahrt. Der 20 m hohe Turm wurde in England gebaut und auf Grand Turk zusammengesetzt. Das historische Gebäude sowie das Leuchtturmwärterhäuschen werden vom National Trust unterhalten. An

seinem Fuß gibt es einen schattigen Picknickplatz, von dem man im Februar und März die vorbeiziehenden Wale beobachten kann. Ganz in der Nähe zieht sich der Inlandsee North Creek nach Süden, den viele Historiker für das Gewässer halten, das Kolumbus 1492 als ersten Ankunftsort in der Neuen Welt beschrieb.
Lighthouse Road, North Ridge • nur von außen zu besichtigen

Old HM Prison
Das ehemalige Gefängnis aus dem 19. Jh. kann besichtigt werden.
Pond Street • Mo–Fr 9–16, Sa 9–13 Uhr • Eintritt 7 US-$

Whale Watching 👫 🌿
Südöstlich von Grand Turk hat man die Möglichkeit, von Februar bis April vorbeiziehende Buckelwale aus nächster Nähe zu beobachten. Man bucht die zweistündige Whale Watching Tour bei
Turks & Caicos Whale Watching • Tel. 6 49/2 31-66 63 • www.turksandcaicoswhalewatching.com • 175 US-$ pro Person

MUSEUM
Turks & Caicos National Museum
Das 200 Jahre alte steinerne Guinep House dokumentiert die Geschichte der Inseln ab der Zeit der Ureinwohner (Lucayas). Zu besichtigen sind auch Exponate der frühen karibischen Siedler sowie der schwarzen Sklaven und der Kolonialherren. Eine Ausstellung ist dem ersten europäischen Schiffswrack »Molasses« aus dem Jahr 1515 gewidmet.
Guinep House, Front Street • www.tcmuseum.org • geöffnet während der Liegezeiten der Kreuzfahrtschiffe • Eintritt 7 US-$

SPAZIERGANG
Ein Spaziergang in der Inselhauptstadt Cockburn Town führt in der am Strand gelegenen **Duke Street** und der nördlich anschließenden **Front Street** vorbei an zahlreichen Häusern des 18. und 19. Jh. im Bermuda-Stil, darunter dem Gouverneurssitz. Zwischen ihnen sieht man Souvenirläden, Bars, Cafés, Restaurants und davor den weißen Strand.
Dauer: 1 Stunde

ESSEN UND TRINKEN
Guanahani
Muscheln am Meer • Französische und italienische Küche, karibisch inspiriert, wird auf der offenen Terrasse am Meer serviert.
Bohio Resort, Front Street • Tel. 6 49/9 46-21 35 • www.bohioresort.com • tgl. 8–22 Uhr • €€
2 km nördl. von Cockburn Town

Sandbar
Terrasse am Strand • Lobster, »Conch«, »Mahi-Mahi« – die Meeresfrüchte der Karibik, begleitet von einem Avocadosalat; und am Abend gibt's Livemusik.
Duke Street • Tel. 6 49/9 46-11 11 • www.grandturk-mantahouse.com/sandbar.htm • So–Fr 12–22 Uhr • €€

Secret Garden
Lokale Spezialitäten • Im hübschen Garten des Salt Raker Inn serviert man »Conch«- und Fischspezialitäten sowie Hummer in diversen Zubereitungsarten. Das historische Gästehaus am Meer mit seinen hölzernen Veranden stammt noch aus dem 19. Jh.
Salt Raker Inn, Duke Street • Tel. 6 49/9 46-22 60 • www.hotelsaltraker.com • tgl. 8–22 Uhr • €€

Barbie's Restaurant
Karibische Küche • Hierher kommen auch die Einheimischen gern: Ob »Conch«-Schneckenmuscheln gegrillt oder als Salat – bei Barbie munden die Spezialitäten der Insel bestens. Die »coconut shrimps« werden täglich frisch zubereitet. Probieren Sie auch die Pommes frites aus Süßkartoffeln mit scharfen Dips! Mit Terrasse und WiFi.
Churchill Building, Front Street • Tel. 6 49/9 46-29 81 • tgl. 11.30–21 Uhr • €–€€

Captain Zheng
Exzellent und preiswert • Vorwiegend chinesische und karibische Gerichte werden im Restaurantgarten des Gästehauses serviert.
Close Haul Road, am Südrand von Cockburn Town • Tel. 6 49/2 42-26 36 • So, Mo geschl. • €

EINKAUFEN
Zahlreiche (teurere) Souvenirläden gibt es im Grand Turk Cruise Center (www.grandturkcc.com). Preiswerte und zugleich anspruchsvolle Mitbringsel findet man hingegen im Harbor House Gift Shop in der Front Street und im Shop des Museums.

AM ABEND
Im Zentrum des Nachtlebens von Cockburn Town gibt es Livemusik am Strand, meist Rock und Pop.
Osprey Beach Hotel, Duke Street • Tel. 6 49/9 46-26 66 • www.ospreybeachhotel.com • Mi, Fr, So ab 20 Uhr

SERVICE
AUSKUNFT
Tourist Office
Front Street • Tel. 6 49/9 46-23 21

Bus-Touren
Während der Liegezeit von Kreuzfahrtschiffen fahren Minibusse (Guana Hop On, Hop Off) im 30-Min.-Takt zu den Sehenswürdigkeiten und Stränden der Insel; an den Haltestellen kann man beliebig aus- und einsteigen (30 US-$ pro Person).

Ausflüge

◎ **Gibbs Cay** 👫🌿　▶ S. 139, C 5
Nur 2 km übers Meer, und dort trifft man auf die unbewohnte Strandinsel vor der Südostküste von Grand Turk, ideal für ein Picknick am Strand, Schnorcheln und zum Füttern von Rochen, die hier bis zum Strand kommen. Buchungen bei Oasis Divers, Duke Street, Cockburn Town • Tel. 6 49/9 46-11 28 • www.oasisdivers.com • 60 US-$
2 km südöstl. von Cockburn Town

◎ **Grand Turk Cruises Center** 👫　▶ S. 139, B 6
Südlich der Hauptstadt liegt gegenüber dem Kreuzfahrtpier am Strand ein touristischer Komplex mit vielfältigen Einkaufs- und Vergnügungsmöglichkeiten. Das zweistöckige große Margaritaville Café, welches dem US-amerikanischen Popstar Jimmy Buffett gehört, bietet eine Menge Unterhaltung (www.margaritavillecaribbean.com). Im Center kann man Autos, Motorroller, Fahrräder und auch ein Wassertaxi zur Hauptstadt mieten.
Tauchen und schnorcheln kann man direkt vom Strand aus. Das Cruises Center bietet Tauchexkursionen (3–4 Std.) zu nahe gelegenen Plätzen und Schnorcheltouren an.
www.grandturkcc.com • geöffnet für Kreuzfahrtschiffe
5 km südl. von Cockburn Town

Große Antillen

Tropische Vegetation, Traumstrände, ein reiches koloniales Erbe und Menschen voller Lebensfreude: kein Wunder, dass der internationale Tourismus floriert.

◀ Reges Treiben bestimmt die Straßen von Viejo San Juan (▶ S. 62).

Südöstlich von Florida liegen die Inseln **Kuba**, **Jamaika**, **Hispaniola** und **Puerto Rico**, die die Gruppe der Großen Antillen bilden. Mit Ausnahme des zum englischen Sprachraum gehörigen Jamaika sind die Inseln spanisch geprägt. Viele Jahrhunderte lang beeinflussten Kolonialherren ihre Geschichte. Nachdem sich die Hoffnungen der ersten Siedler auf Gold- und Silbervorkommen nicht erfüllten, trug Zuckerrohranbau zum Reichtum bei. Auf Plantagen gediehen zudem Kaffee- und Tabakpflanzen sowie Gewürze, die nach Europa verschifft wurden. Heute boomt der Tourismus, denn die natürlichen Voraussetzungen könnten kaum besser sein: Sonne das ganze Jahr über, Bilderbuchstrände und dichte Palmenhaine an den Küsten, dazu ein landschaftlich abwechslungsreiches Hinterland mit hohen Bergen und Vulkanen, Wasserfällen und Regenwäldern. Zwischen den bis zu 3000 m hohen Bergen liegen Täler, die mit dichtem Regenwald bedeckt sind und in denen eine artenreiche Tier- und Pflanzenwelt anzutreffen ist. Kuba, Puerto Rico und die Dominikanische Republik besitzen zudem Hauptstädte, deren Zentren einzigartige Schatzkammern altspanischer Paläste und Häuser, Straßen und Gassen, Kirchen, Klöster und Plazas sind. So zählen beispielsweise die Altstadt von **Havanna** 🌟 wie auch die von **Santo Domingo** 🌟 zum UNESCO-Welterbe, und auch die Altstadt von San Juan ist ein großes Freilichtmuseum, in dem sich die restaurierten spanischen Bauwerke aneinanderreihen. Die kulturellen Unterschiede zwischen den Inseln sind heute recht groß: Das zu den USA gehörige **Puerto Rico** schätzt den »American way of life«, Hochhäuser und Fast-Food-Outlets prägen die Hauptstadt. Das sozialistische **Kuba** setzt seit der Amtsübernahme durch Fidel Castros Bruder Raúl auf eine gewisse Öffnung dem Westen gegenüber. Die **Dominikanische Republik**, beliebtestes Urlaubsziel der Karibik, sucht die Entwicklung vom Schwellenland zum modernen Industriestaat zu beschleunigen, und auf **Jamaika** trotzt die zum großen Teil arme Bevölkerung den wirtschaftlichen Problemen mit starken Familienbanden, Musik und Lebenslust.

DOMINIKANISCHE REPUBLIK ▶ Klappe vorne, d/e 3

Die Insel Hispaniola, so schrieb Kolumbus in sein Bordbuch, sei ein wahres Naturwunder. Tatsächlich ist die Dominikanische Republik (der östliche Teil der Insel Hispaniola) noch heute für Besucher der Inbegriff einer karibischen Trauminsel und das meistbesuchte Urlaubsziel. Die nach Kuba zweitgrößte Insel der Karibik besitzt mit den Cordillera Central herrliche Gebirgslandschaften, ein erfrischendes Hochlandklima, beeindruckende Wasserfälle und unberührte Wälder. Der 3175 m hohe Pico Duarte ist der höchste Berg der Karibik und überragt ein 1300 km² großes Naturschutzgebiet. In den Kreuzfahrthäfen von Santo Domingo (Südküste), La Romana (Südostküste), Samaná (Nordküste) und Amber Cove bei Puerto Plata (Nordküste) werden Ausflüge in die tropische Natur angeboten.

Santo Domingo ▸ Klappe vorne, d 3

3 Mio. Einwohner
Stadtplan ▸ S. 39

Die Hauptstadt der Dominikanischen Republik liegt an der Mündung des Río Ozama an der Südostküste der Insel, eine gewaltige Metropole mit allen Problemen einer schnell wachsenden Stadt, mehreren Armenvierteln mit heruntergekommenen Häuserreihen, aber auch einer grandiosen kolonialen Altstadt. Diese **Ciudad Colonial (Zona Colonial)** ⭐ wurde 1990 von der UNESCO in die Liste des Welterbes aufgenommen. Die Stadt wurde von Bartolomeo Colón, dem Bruder von Christoph Kolumbus, am Ende des 15. Jh. am Westufer des Río Ozama gegründet und war Sitz der spanischen Vizekönige. Von hier aus erfolgte die Erkundung der umliegenden Inseln und der Ostküste Mexikos. Schon 1538 wurde in Santo Domingo die erste Universität der Neuen Welt gegründet. Im 16. und 17. Jh. war die Stadt Ziel von Seeräubern und wurde 1586 von Sir Francis Drake geplündert. 1844 wurde die Insel unabhängig von Spanien und zur Dominikanischen Republik. 1930 kam der Diktator Rafael Trujillo durch einen Putsch an die Macht; im Mai 1961 wurde er ermordet. Wie auch in anderen Staaten der Karibik und Zentralamerikas griffen die USA gewaltsam in das politische Geschehen ein: Von 1916 bis 1924 stand die Insel unter US-Kontrolle, und 1965 griff das US-Militär wegen der Gefahr eines Bürgerkrieges erneut ein.

Santo Domingo besitzt zwei Cruiseship Terminals. Der Hafen **Don Diego** liegt im Río Ozama nahe der Zona Colonial. Vom **Sans Souci Dock** am Ostufer des Río Ozama ist es hingegen eine Taxifahrt auf die andere Seite des Flusses. In beiden Terminals gibt es einen Schalter, der auch beim Taxitransport hilft.

SEHENSWERTES

Acuario Nacional 🏊🤿 ▸ S. 39, östl. c 2

Richtung Flughafen liegt direkt am Meer das 1990 erbaute nationale Aquarium. Es beherbergt über 250 verschiedene Arten, darunter auch Haie und Meeresschildkröten. Attraktion ist ein Tunnel aus Plexiglas (»túnel marino«), der durch das Aquarium führt.
Avenida de España 75, La Isabelita, Sans Souci • www.acuarionacional. gob.do • Di–So 9.30–17.30 Uhr • Eintritt 100 DOP

Las Atarazanas ▸ S. 39, c 3

Die ehemaligen Lagerräume für Schiffsausrüstung aus dem 16. Jh. wurden restauriert und umgewandelt in Schmuckgeschäfte, Souvenirläden, Restaurants, Cafés, Bars, Kunstgalerien, ein Hotel und ein kleines Schiffsmuseum mit Funden aus Schiffswracks. Ein Bummel führt durch die verschiedenen Patios.
Calle Atarazana (zwischen Calle Restauración und Calle Celestino Duarte), Zona Colonial

Casa del Cordón ▸ S. 39, c 3

Das »Haus des Seils« ist das erste von Europäern erbaute Steinhaus in der Neuen Welt (1503) und wurde auch von Diego Colón bewohnt. Über dem Eingang sieht man die Steinfigur eines Franziskanermönches, dessen Kutte von einer Kordel zusammengehalten wird.
Calle Isabel la Católica, Ecke Calle Hostos, Zona Colonial

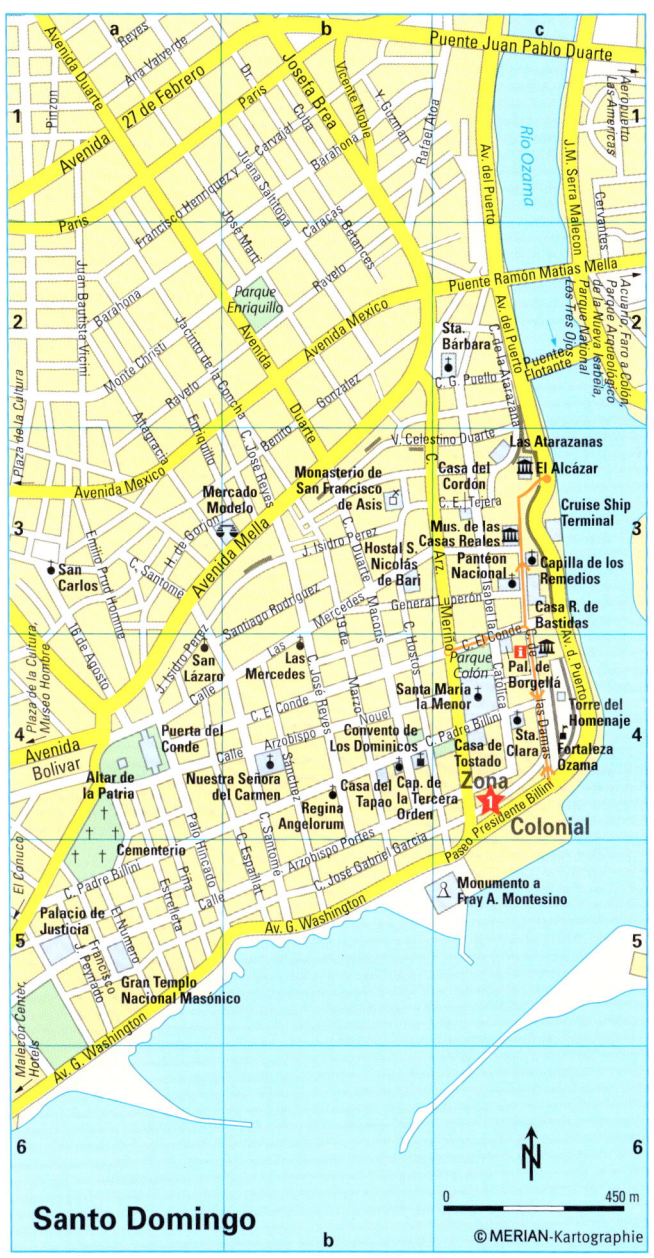

Santo Domingo

Catedral Santa María la Menor
▶ S. 39, c 4

Die im Jahr 1540 erbaute gotische Kathedrale wurde mit einer Korallenstein-Fassade versehen und besitzt 14 Kapellen in den beiden Seitenschiffen. Die Kirche wird als die erste Amerikas angesehen und trägt daher auch den Beinamen »Catedral Prímada de América«.

Calle Arzobispo Meriño, Parque Colón (Südseite), Zona Colonial • Mo–Sa 9–16 Uhr • Eintritt frei

Faro a Colón
▶ S. 39, östl. c 2

Im Osten der Stadt liegt der »Leuchtturm von Christoph Kolumbus« (Cristóbal Colón), ein 240 m langes, 34 m breites und 46 m hohes Denkmal in Kreuzform, das ein Kulturzentrum und ein Museum beherbergt. Das Gebäude aus weißem Marmor wurde 1992 zum 500. Jahrestag der Entdeckung Amerikas errichtet. Zwischen 20 und 22 Uhr wird hier von mehr als 150 Scheinwerfern ein gewaltiges Kreuz aus Laserstrahlen am Himmel gezeigt.

Avenida del Faro (Av. Estados Unidos), Villa Duarte, beim Parque Mirador del Este • Museum Di–So 9–17 Uhr • Eintritt 65 DOP

Fortaleza Ozama
▶ S. 39, c 4

Das älteste Fort der Neuen Welt wurde 1502 bis 1508 von Nicolás de Ovando, Gouverneur von Hispaniola, am Ufer des Río Ozama erbaut, um Piraten abzuwehren. Neben dem Fort steht der aus Korallenstein errichtete Torre del Homenaje von 1507, der Ehrenturm, mit dem die Taten der Konquistadoren gewürdigt wurden und in dem Kolumbus' Sohn Diego Colón zwei Jahre lebte, bevor er in den Alcázar de Colón

Im Parque Colón (▶ S. 41) in Santo Domingo wurde Christoph Kolumbus ein Denkmal gesetzt. An der Südseite des Parks erhebt sich die Catedral Santa María la Menor.

umzog. Die Wände des Turms sind 1,5 m dick.

Calle Las Damas, Zona Colonial • Di– So 9–17 Uhr • Eintritt 70 DOP

Panteón Nacional ▶ S. 39, c 3

In dem ehemaligen barocken Jesuitenkloster aus dem 18. Jh. richtete der Diktator Trujillo 1955 eine Grabstätte für die Helden des Landes ein; vor dem Gebäude steht eine Ehrenwache.

Calle Las Damas, Zona Colonial • tgl. 9–16.30 Uhr • Eintritt frei

Parque Colón ▶ S. 39, c 4

Der Park zu Ehren von Christoph Kolumbus wird überragt von einer großen, 1887 errichteten Statue des Seefahrers und Entdeckers der Neuen Welt. An seiner Südseite steht die Catedral Santa María la Menor, im Westen das Rathaus, die Casa Consistorial. Die Ostseite an der Calle Isabel la Católica nimmt der Palacio de Borgellá aus dem Jahre 1825 ein: ein zweistöckiges Bauwerk mit doppelten Arkaden. Es stammt aus der haitianischen Besatzungszeit im 19. Jh. und war später Sitz des dominikanischen Nationalkongresses; heute dient es als Verwaltungsgebäude.

Calle El Conde (östl. Ende), Ecke Arzobispo Meriño, Zona Colonial

MUSEEN

Alcázar de Colón ▶ S. 39, c 3

Der 1510 bis 1514 aus Korallenkalkstein erbaute zweistöckige Verwaltungssitz von Don Diego de Colón, Sohn von Kolumbus und spanischer Vizekönig, beherbergt hinter seinen meterdicken Mauern und doppelten Arkaden rund 20 Räume, angefüllt mit allerlei Exponaten zur Inselge-

schichte. Über 60 Jahre residierte hier die Kolonialregierung.

Plaza de España, Calle Las Damas, Zona Colonial • Di–Sa 9–17, So 9–16 Uhr • Eintritt 100 DOP

Casa Rodrigo de Bastidas 👫 ▶ S. 39, c 3/4

Das wundervolle einstöckige Kolonialhaus aus dem 16. Jh. beherbergt heute ein Museum für Kinder (Museo Infantil Trampolín). Ein Kunstwerk ist auch sein großer rechteckiger Patio mit einem schönen Garten und uraltem Baumbestand.

Calle Las Damas, Ecke Calle El Conde, Zona Colonial • www. trampolin.org.do • Di–Fr 9–17, Sa, So 10–18 Uhr • Eintritt 100 DOP

Museo de las Casas Reales ▶ S. 39, c 3

Ein Muss jeder Stadtbesichtigung ist dieser prächtige, von außen schlicht anzusehende Stadtpalast, die um 1500 erbaute Residenz des Gouverneurs. Im Inneren werden Ihnen auf zwei Etagen 300 Jahre spanischer Kolonialgeschichte gezeigt, Exponate vom frühen 16. Jh. bis zur Unabhängigkeit (1844).

Calle Las Damas/Calle Las Mercedes, Zona Colonial • Di–So 9– 17 Uhr • Eintritt 100 DOP

Museo del Hombre Dominicano ▶ S. 39, westl. a 3/4

Das große völkerkundliche Museum präsentiert auf vier Etagen Exponate aus der karibischen Frühgeschichte sowie Trachten, Masken und Artefakte seit der Ankunft der Spanier; mit Shop und Café.

Plaza de la Cultura, Avenida Pedro Henríque Ureña • Di–So 10–17 Uhr • Eintritt 50 DOP

SPAZIERGANG

Stadtplan ▶ S. 39

Die **koloniale Altstadt** ⭐ von Santo Domingo unterscheidet sich deutlich vom Rest der chaotischen Millionenstadt, die unter Verkehrsproblemen und Luftverschmutzung leidet. Am westlichen Ufer des Río Ozama gelegen, warten koloniale Kirchen, Plazas, pittoreske Parks und Paläste, alle aufwendig restauriert, darauf, entdeckt zu werden. Auch am lebhaften **Malecón**, wo die Altstadt endet und die Meerespromenade beginnt, finden Sie zahlreiche Freiluft-Cafés, Restaurants und Boutiquen.

Starten Sie Ihren Rundgang am **Parque Colón**, wo ein großes Kolumbus-Denkmal steht. Von der Nordseite des Platzes führt die **Calle El Conde**, eine beliebte Einkaufsmeile mit restaurierten Häusern des 19. Jh., Richtung Río Ozama zur **Calle Las Damas**. Die Straße wird von prächtigen Kolonialhäusern gesäumt. Südlich davon liegen **Casa Bastidas**, **Fortaleza Ozama** und **Torre del Homenage**. Nördlich passiert man das **Hostal Nicolás de Ovando** und die **Casas Reales**, bis man an der Plaza de España auf den **Alcázar de Colón** stößt.

Dauer: 1 Stunde

ESSEN UND TRINKEN

Fonda de la Atarazana ▶ S. 39, c 3

Edles Ambiente • Das elegante Restaurant ist im Kolonialstil eingerichtet und dekoriert; kredenzt wird dominikanische Küche, Spezialität sind Fischgerichte.

Calle Atarazana 5, Zona Colonial • Tel. 8 09/6 89-29 00 • www.restauranteatarazana.com • tgl. ab 12 Uhr • €€€€

Lulú Tasting Bar ▶ S. 39, c 4

Gaumenfreuden im Patio • Unter einem mächtigen Tropenbaum, umgeben von kolonialen Arkaden, schmeckt alles doppelt so gut.

Plazoleta Billini, Calle Padre Billini 151, Zona Colonial • Tel. 8 09/6 87-83 60 • www.lulu.do • Mo–Sa 18–1, So ab 11 Uhr • €€€

El Mesón de la Cava ▶ S. 39, westl. a 6

Seit 1967 die Top-Adresse • Frisches Fisch-Carpaccio und danach etwas vom Grill. Hier genießt man in der edel gestylten Kalksteinhöhle oder auf der tropischen Terrasse. Am östlichen Rand des Parque Mirador Sur.

Av. Mirador Sur 1 • Tel. 8 09/5 33-28 18 • www.elmesondelacava.com • tgl. 12–15, 18–23 Uhr • €€€

Comedor Mimosa ▶ S. 39, c 4

Hier isst der Dominikaner • Kleines Restaurant mit regionaler Küche, z. B. »Bandera Dominicana« (dominikanische Flagge) aus Reis, Bohnen und Fleisch oder Fisch.

Calle Arzobispo Nouel 51, zwischen Calle Duarte Macoris und Calle Hostos, Zona Colonial • Tel. 8 09/6 86-07 12 • abends geschl. • €

EINKAUFEN

Die Calle El Conde ist die bedeutendste Einkaufsstraße (Fußgängerzone) in der Zona Colonial. Nach Kuba ist die Dominikanische Republik bekannt für ihre handgefertigten Zigarren, und wie in Kuba kauft man sie lieber nicht auf der Straße, sondern in Zigarrengeschäften.

AM ABEND

Bar Cacibajagua ▶ S. 39, b 4

In der Rock 'n' Roll-Bar (in der Taino-Sprache bedeutet der Name

Im maurisch-gotischen Palast Alcázar de Colón (▶ S. 41), erbaut von Kolumbus' Sohn Don Diego de Colón, ist heute das Vizekönigliche Museum untergebracht.

»Höhle, aus der das Leben stammt«), auch La Cueva genannt, schätzt man Rock-Klassiker; gelegentlich gibt es auch Livemusik.
Calle Sanchez 201 (zwischen Calle El Conde und Calle Arzobispo Nouel), Zona Colonial • Tel. 8 09/3 33-90 60 • tgl. außer So und Mo

Casa de Teatro
▶ S. 39, c 3
Kulturzentrum mit Livemusik, Jazz, Tanzdarbietungen, Lesungen und vielem mehr.
Arzobispo Meriño 110, Zona Colonial • Tel. 8 09/6 89-34 30

SERVICE
AUSKUNFT
Oficina de Turismo ▶ S. 39, westl. a 6
Av. Cayetano Germosén/Ecke Gral. Gregorio Luperón, Mirador Sur • Tel. 8 09/2 21-46 60 • www.turismo santodomingo.com

PFERDEKUTSCHE 🏍🌿
Eine solche Kutschfahrt durch die koloniale Altstadt kostet rund 30 US-$ pro Stunde. Man findet die Kutschen (»carro«/»coche de caballos«) vor dem Hostal Nicolás de Ovando.

Ausflüge

◎ Parque Nacional Los Tres Ojos
▶ S. 39, östl. c 2

Am östlichen Stadtrand findet man ein faszinierendes Höhlensystem aus Korallenkalk vor, teilweise eingestürzt, mit unterirdischen Wasserläufen und vier Seen. Eine lange Treppe führt hinab zu den Höhlen.
Avenida Las Americas, beim Parque Mirador del Este • tgl. 8.30–17.30 Uhr • Eintritt 100 DOP

📷 FotoTipp

DIE DREI AUGEN

Ein Foto in der Höhle? In Los Tres Ojos (»die drei Augen«) sollte dies gelingen. Steigt man die Treppen hinab, findet man auf mehreren Absätzen »miradores«, von denen man Sicht auf beleuchtete Teile und Details des Höhlensystems hat ▶ S. 44

◎ Puerto Plata
▶ Klappe vorne, d 3

140 000 Einwohner

Die an der Nordwestküste der Costa de Ambar (Bernsteinküste) gelegene Stadt ist ein Zentrum des Tourismus und ebenfalls Hafen für Kreuzfahrtschiffe, die im neuen Terminal am nordwestlichen Stadtrand anlegen. Entlang der hufeisenförmigen Bucht reihen sich schöne Strandabschnitte aneinander, dort befinden sich auch die meisten Hotelanlagen, Klubs, Spielcasinos und Golfplätze. Puerto Platas Hausberg ist der **Pico de Isabel de Torres** (798 m), dessen tropische Bergwelt unter Naturschutz steht. Eine Seilbahn führt zum Gipfel mit der 16 m hohen Christusstatue (Kopie der Statue von Rio de Janeiro).

Die Stadt selbst lädt ein zu einem angenehmen Bummel entlang der Uferstraße und durch die Altstadt, die zahlreiche koloniale Häuser besitzt. Auch das 1540 am Hafen erbaute Fort (Fortaleza San Felipe) lohnt einen Abstecher.

La Romana
▶ Klappe vorne, e 3

160 000 Einwohner

Der Kreuzfahrthafen La Romana liegt an der Südküste der Dominikanischen Republik, 120 km östlich von Santo Domingo. Aus dem einstigen Standort einer Zuckerraffinerie am Ufer des Río Chavón entwickelte sich eine lebhafte Stadt, heute weltbekannt als Sitz der exklusiven Ferienanlage Casa de Campo (ca. 10 km östlich). Der renommierte Designer Oscar de la Renta, der auf dem Gelände der ehemaligen Plantage eine Villa besitzt, entwarf das Interieur zahlreicher Apartments und Ferienhäuser. Neben einem Hotel gibt es Polo- und Golfplätze sowie einen privaten Flugplatz, dazu einige der besten Restaurants der Dominikanischen Republik. Las Minitas, der Strand von Casa de Campo, ist frei zugänglich.

JAMAIKA
▶ Klappe vorne, b/c 3

Die 235 km lange und bis zu 82 km breite Insel bietet weiße Bilderbuchstrände und ein von den Bergen der Blue Mountains durchzogenes Inneres, in dem Dutzende von Quellen entspringen und sich als Flüsse ins Meer ergießen, Wasserfälle wie die **Dunn's River Falls** ⭐ und dunkel schimmernde Seen. Jamaika ist ein artenreiches Tropenparadies; mehr als 700 Pflanzen sind endemisch.
Die Urbevölkerung Jamaikas, die Kolumbus 1494 antraf, waren aus

Südamerika stammende Arawak, die die Insel Xaymaca nannten. Bereits 1510 trafen die ersten spanischen Kolonialisten ein. Der Zuckerrohranbau florierte, und Jamaika wurde zur Drehscheibe des Sklavenhandels. Seit 1952 ist Jamaika (2,9 Mio. Einwohner) unabhängig und Mitglied im Britischen Commonwealth. Nach wie vor unterhalten Mitglieder der britischen Upper Class auf Jamaika ihre Ferienvillen, von Sicherheitsleuten bewacht und hinter hohen Mauern versteckt.

Auf Jamaika lebt die Kultur der Rastafari, deren berühmtester Anhänger der Reggae-Musiker **Bob Marley** war. Innerhalb der Rastabewegung gilt »ganja« (Marihuana) als heilige Pflanze. Zwar sind Anbau und Konsum der Droge auch auf Jamaika strafbar, dennoch blüht auf der Insel der Handel. Leider werden – im Vergleich zu anderen Inseln – Besucher auf Jamaika häufiger belästigt, wenn sie außerhalb ihrer Hotelanlagen unterwegs sind. Um unerfreuliche Situationen zu vermeiden, ist es deshalb besser, sich in einer Gruppe zu bewegen. Ein freundliches und gleichzeitig selbstbewusstes Auftreten ist anzuraten, wenn Sie beispielsweise wiederholt in schärferem Ton zum Kauf von »ganja« animiert werden.

Verstreut liegen einstige Kaffeeplantagen und Rumdestillerien sowie kleine, lebhafte Städtchen versteckt im Dschungel. Zentren des (Kreuzfahrt-)Tourismus sind Montego Bay und Ocho Ríos.

Montego Bay   ▶ Klappe vorne, b 3
110 000 Einwohner

Poloturniere, Reggae-Musik am Strand, Mountainbike-Touren und Parasailing: Die Besucher genießen ein breites Freizeitprogramm. Ent-

Wie wäre es statt eines Desserts mit einer Rutschpartie ins köstliche Nass? Im Restaurant Margaritaville (▶ S. 47) in Montego Bay ist das problemlos möglich.

lang der sanft geschwungenen Montego Bay, von Einheimischen »MoBay« genannt, liegen zahlreiche Hotels an fantastischen Sandstränden und umgeben von tropischen Gärten, denn die zweitgrößte Stadt Jamaikas, an der westlichen Nordküste gelegen, ist das größte touristische Zentrum der Insel.

Neben Wohnvierteln der oberen Schicht und historischen Plantagenhäusern besitzt die Stadt auch Slums (u. a. Canterbury), in denen vom Land hierher gezogene Menschen in Einfachbehausungen leben.

Kreuzfahrtschiffe legen am **Montego Freeport Terminal** an, 5 km südwestlich des Stadtzentrums an einer Halbinsel; hier können vier Schiffe gleichzeitig andocken. Am Terminal findet man Taxis für die Fahrt ins Zentrum (7–10 US-$).

SEHENSWERTES
Slave Ring

Erinnerung an dunkle Perioden der jamaikanischen Geschichte: Das einem Amphitheater ähnliche Bauwerk diente der Präsentierung neu eingetroffener Sklaven, die hier von ihren zukünftigen Besitzern taxiert und – nach Verhandlungen – gekauft wurden. Nach der Abschaffung der Sklaverei wurde das Bauwerk in eine Arena für Hahnenkämpfe umgewandelt und verfiel zusehends.
Union Street, Ecke East Street

St. James Parish Church

Die anglikanische Kirche wurde 1782 fertiggestellt und nach einem Erdbeben im Jahr 1957 wieder aufgebaut. Sie hat die Form eines griechischen Kreuzes mit einem Glockenturm an der Westseite.
Church Street, Ecke Payne Street

MUSEUM
National Museum West

Das regionale Museum des Gemeindebezirks erläutert die Geschichte Jamaikas und der Stadt und widmet sich besonders der Zeit der Sklavenaufstände.
Montego Bay Cultural Centre, Sam Sharpe Square • Di–So 10–18 Uhr • Eintritt 3 US-$

SPAZIERGANG

Ein Spaziergang im Zentrum kann am **Sam Sharpe Square** beginnen, dem Hauptplatz und einer Mischung aus modernen und kolonialzeitlichen Gebäuden. An seiner Südseite erblickt man das nach einem Brand wieder aufgebaute georgianische **Court House** (Gerichtsgebäude) aus dem Jahre 1810, in welchem dem Anführer des Sklavenaufstandes Samuel Sharpe 1832 der Prozess gemacht wurde; Sharpe wurde auf dem Platz gehenkt. Das Gebäude heißt heute Montego Bay Cultural Centre und enthält u. a. ein Museum.

Gegenüber trifft man auf **The Cage** (1806), ein kleines Gefängnis aus Ziegel- und Feldsteinen mit einem Türmchen, das dem Arrest unbotmäßiger Sklaven diente. Vor dem Gebäude steht eine Gruppe von fünf Bronzestatuen, die darstellen, wie der Baptistenprediger Samuel Sharpe vor Anhängern auf die Bibel verweist. An der südlich gelegenen Church Street erhebt sich die **St. James Parish Church**. Ihr gegenüber befindet sich in der Church Street das 1776 erbaute **Town House** eines englischen Landherrn. Das dreistöckige georgianische Gebäude besteht aus roten Ziegelsteinen, die wie fast alle Ziegel als Ballast der Schiffe aus England kamen.

Läuft man die Church Street weiter in östlicher Richtung, gelangt man zur Dome Street. Rechts geht es dort an ihr südliches Ende, wo man an der Ecke mit der Creek Street den **Creek Dome** findet, ein kleines, sechseckiges burgähnliches Bauwerk aus dem Jahr 1837, das im 19. Jh. die Quelle des »creek« (Bach) schützte und damit die Wasserversorgung der Stadt sicherte.
Dauer: 1 Stunde

ESSEN UND TRINKEN

The Pelican Grill

50-jährige Institution • Beste Zutaten von lokalen Lieferanten, professionelle, stets freundliche Kellner und zufriedene Gäste sind das Rezept für die perfekte Stimmung im Restaurant. Köstliche Drinks tun ein Übriges.
Hip Strip, Gloucester Avenue • Tel. 8 76/9 52-31 71 • www.pelicangrillja. com • tgl. 11–23 Uhr • €€€

MVP Smokehouse

Spicy, sweet & hot • Westlich von Montego Bay liegt an der Straße nach Negril »der« Ort, um typisches jamaikanisches Essen zu genießen. Im offenen, typisch karibischen Terrassenrestaurant genießt man »smoked fish mousse« und danach »jerked chicken«, mariniertes Huhn vom Grill.
Bogue Road, Reading • Tel. 8 76/ 6 22-71 98 • www.mvpsmokehouse. com • Di–So 11–21 Uhr • €€–€€€

The Pork Pit

Am Picknicktisch • Selbstbedienung sowie Tische und Bänke im Freien auf der Terrasse mit Meerblick und mit »jerked«-Gerichten (Huhn, Schweinefleisch). Wem es zu scharf gewürzt ist, für den gibt es Fisch mit Ofenkartoffel.
27 Gloucester Avenue, gegenüber Aqua Sol • Tel. 8 76/9 40-30 08 • tgl. 11–23 Uhr • €

EINKAUFEN

Beim Besuch eines Craft Market wird man in Jamaika häufig von Verkäufern und Schleppern angesprochen, die zum Teil aggressiv agieren. Über den Preis muss stets gehandelt werden.

Craft Market

Naive, farbenfrohe Gemälde, Schnitzereien aus Plantagenholz, Korbwaren, Muschelketten: Das gesamte Angebot des jamaikanischen Kunsthandwerks wird in kleinen bunten Shops und Bretterbuden angeboten.
Harbour Street

Old Fort Craft Park ♟♟

Neben den Ruinen des alten Forts bieten 180 Stände eine breite Palette karibischen Kunsthandwerks.
Fort Street, Howard Cooke Boulevard

AM ABEND

Margaritaville ♟♟

Karaoke, Livemusik (Latin, Reggae) und eine Open-Air-Bar im Erdgeschoss. Stammgäste haben stets Badebekleidung dabei, denn Attraktion ist eine 30 m lange Rutsche vom Dach direkt ins Meer.
Hip Strip, Gloucester Avenue • Tel. 8 76/9 52-47 77 • www.margarita villecaribbean.com

Pier One

Der hölzerne Schiffsanleger beherbergt ein Spezialitätenrestaurant für Fischgerichte. Ab 22 Uhr verwandelt er sich in einen Nachtklub mit Tanz und Liveauftritten einheimischer Musiker.

Pier 1, Howard Cooke Boulevard, südwestl. des Zentrums • Tel. 8 76/9 52-24 52 • www.pieronejamaica.com

MERIAN Tipp

MARLEY LIVES – BOB MARLEYS BIRTHPLACE & MAUSOLEUM

In der Karibik und besonders in Jamaika lebt die Erinnerung an den jung verstorbenen Bob Marley. In dem kleinen zweistöckigen Geburtshaus ist man der Reggae-Legende besonders nah. Rastafaris führen nur zu gern die Besucher umher, erzählen Anekdoten aus dem Leben des Idols und führen zur bescheidenen Kapelle, in der der Musiker (1945–1981) nach einem Staatsbegräbnis beigesetzt wurde.

Nine Mile, St. Ann, zwischen Claremont und Alexandria in Zentral-Jamaika • tgl. 9–18 Uhr • Eintritt 25 US-$

57 km südwestl. von Ocho Ríos

SERVICE

AUSKUNFT

Tourist Office

Hip Strip (östl. Doctor's Cave Beach), 18 Queen's Drive • www.montego-bay-jamaica.com • Tel. 8 76/9 52-44 25

Ausflüge

◎ Bob Marley Experience

Stündlich wird ein Film über die Reggae-Legende Bob Marley gezeigt; davor oder danach lässt sich käuflich erwerben, was das Herz seiner Fans erfreut: Bob Marley-CDs, DVDs und Bücher oder T-Shirts mit dem Konterfei des Sängers.

Half Moon Shopping Village • tgl. 10–18 Uhr • Eintritt frei

10 km östl. von Montego Bay

◎ Rose Hall Great House

Das 1770 errichtete, imposante Herren- und Plantagenhaus auf einem Hügel wurde in den 1960er-Jahren von den gegenwärtigen US-Besitzern perfekt restauriert, mit Mahagoni-Treppenhäusern, Seidentapeten und antikem Mobiliar.

Rose Hall Highway, Falmouth Road • www.rosehall.com • tgl. 9–17 Uhr • Eintritt 20 US-$

15 km östl. von Montego Bay

Ocho Ríos   ▶ Klappe vorne, b 3

17 000 Einwohner

Luxushotels ziehen sich entlang der Strände von Ocho Ríos. Bereits um 1950 begann der Aufstieg des Städtchens zur beliebtesten Touristendestination Jamaikas. Ocho Ríos (»Acht Flüsse«) liegt 110 km östlich von Montego Bay an der Nordküste. Besonders die rauschenden Wasserkaskaden der **Dunn's River Falls** ⭐ ziehen die Kreuzfahrtpassagiere, auch aus Montego Bay, sowie die Bewohner ganz Jamaikas an. Die meisten Kreuzfahrtschiffe legen am **Ocho Ríos Cruise Terminal** (in der Nähe der Dunn's River Falls) an. Sehr große Schiffe müssen allerdings im nahe gelegenen Handelshafen festmachen.

In der Nähe des Piers liegen einige **Craft Markets**, die zu Fuß zu erreichen sind. Neben dem Pier findet man das **Island Village** im Stil eines jamaikanischen Dorfes mit Shopping und Unterhaltung. Will man in die Stadt, empfiehlt es sich, ein Taxi des JTB (Jamaica Tourist Board) vom Pier aus zu nehmen.

In Stein verewigt: Dem früh verstorbenen Rasta-Man und Reggae-Idol Bob Marley wurde im Bob Marley Museum (▸ S. 50) in Kingston ein Denkmal gesetzt.

SEHENSWERTES

Turtle River Falls and Gardens (The Enchanted Gardens)

Der »verzauberte« Garten, einst im Besitz des früheren Ministerpräsidenten Edward Seaga, ist heute der Öffentlichkeit zugänglich. Hier sieht man, was tropisches Klima und eine gute Gartenplanung schaffen können: ein exotisches Paradies mit gewaltigen Bäumen und süß duftenden Blumen. Und Teichen, in denen sich Fische und Schildkröten tummeln. Der Turtle River fließt zudem mit 14 kleinen Wasserfällen durch das parkartig angelegte Gelände. Neben dem botanischen Garten locken auch eine begehbare Voliere für tropische Vögel, ein Schwimmbad und ein Naturlehrpfad.

Eden Bower Road, St. Ann (südwestl. des Stadtrandes) • www.turtleriver fallsandgardens.com • Mo–Sa 9–16 Uhr • Garden Tour 20 US-$

ESSEN UND TRINKEN

Evita's

Veranda mit Ausblick • An der »Wall of Fame« hängen Fotos ehemaliger Besucher: Rolling-Stones-Gitarrist Keith Richards ist auch darunter. Geboten werden italienische und jamaikanische Küche (auch »jerked«-Spaghetti) sowie Fischspezialitäten.

Eden Bower Road, 1 km südl. des Taj Mahal Shopping Center, 10 Min. zu Fuß den Berg hoch • Tel. 8 76/9 74-23 33 • www.evitas jamaica.com • tgl. 18–23 Uhr • €€€

Almond Tree Restaurant

Unter dem Mandelbaum • Markantes Kennzeichen des zweistöckigen Patio-Restaurants ist ein gewaltiger Mandelbaum, der durch die Decke des Hauses ragt. Es gibt köstliche jamaikanische Küche mit Jakobsmuscheln, Fisch und Hummer sowie

»jerked«-Spezialitäten, darunter natürlich auch Spanferkel.
Hibiscus Lodge Hotel, 83 Main Street • Tel. 8 76/9 74-28 13 • www.hibiscusjamaica.com • tgl. 7–22 Uhr • €€

BiBi Bips
Auf der Klippe • Für einen romantischen Abend: Das Open-Air-Restaurant mit Bar bietet von den Veranden und diversen Plätzen auf der Klippe einen herrlichen Meerblick. Aufgetischt wird karibische Küche mit mehreren Krabben-Spezialitäten. Am Wochenende gibt es zur Freude der Gäste Reggae live.
93 Main Street • Tel. 8 76/9 74-87 59 • tgl. 11–2 Uhr • €

EINKAUFEN
Island Village 👭👭
Shoppingkomplex im Stil eines jamaikanischen Dorfes mit zahlreichen Unterhaltungsmöglichkeiten und Restaurants, u. a. auch einem der in der Karibik berühmten und von dem Popmusiker Jimmy Buffett gegründeten Margaritaville; dazu ein Reggae-Museum und ein Platz, auf dem immer wieder Reggae-Konzerte stattfinden.
Turtle River Road, neben dem Cruiseship Pier • tgl. 8–24 Uhr

Ocean Village Shopping Plaza
Hier hat man die Wahl unter zahlreichen Kunsthandwerksgeschäften, darüber hinaus geht es hier wesentlich ruhiger zu als auf dem gegenüberliegenden Craft Park mit seinen 150 Verkaufsbuden. Eine gute Gelegenheit, den unzähligen, mitunter recht aufdringlichen Straßenhändlern von Ocho Ríos zu entgehen.
Main Street

AM ABEND
Amnesia
In der Tradition des legendären Clubs auf Ibiza ist dieser Nightclub, in dem diverse Musikrichtungen gespielt werden. Ein Open-Air-Patio und zwei Tanzflächen locken ein junges internationales Publikum an.
70 Main Street • Tel. 8 76/9 74-26 33 • Mi–So ab 20 Uhr

SERVICE
AUSKUNFT
Tourist Board
Main Street, Ocean Village Plaza, 2. Etage, Shop 7 • Tel. 8 76/9 74-25 82 • Mo–Fr 8.30–16.30, Sa 9–13 Uhr

Ausflüge
◎ Bob Marley Museum
▶ Klappe vorne, c 3
Das dem Reggae-Musiker und Nationalhelden gewidmete Museum ist Kultstätte für jeden Fan des jung verstorbenen Bob Marley (1945–1981) und zieht viele Besucher an.
Kingston 6, 56 Hope Road • www.bobmarleymuseum.org • Mo–Sa 9.30–16 Uhr • Eintritt 20 US-$
47 km südöstl. von Ocho Ríos

◎ Dunn's River Falls & Park ⭐ 👭👭
▶ Klappe vorne, b 3
Die Wasserfälle waren Schauplatz für Szenen der Filme »James Bond jagt Dr. No« und »Leben und sterben lassen« und sind auf zahllosen Werbeplakaten für die Karibik zu sehen. 200 m tief fallen die Kaskaden des Dunn's River über mehrere Kalksteinterrassen zum Meer hinab, wo sie in einen hübschen Badestrand münden. Die Wasserfälle können problemlos erklommen werden. Ein erfrischendes Vergnügen, bei dem

man immer wieder auf Besucher trifft, die, angeführt von einem lokalen Guide und sich an den Händen haltend, die zum Teil recht glatten Felsen hochklettern. Es gibt auch Schließfächer zu mieten und rutschfeste Schuhe (beides recht teuer!). www.dunnsriverfallsja.com • tgl. 8.30–16 Uhr, bei Kreuzfahrtschiffen ab 7 Uhr • Eintritt 20 US-$ 4 km westl. von Ocho Ríos

◎ Fern Gully 🌿   ▸ Klappe vorne, b 3

Ein 5 km langer Straßenabschnitt der Milford Road östlich der A3 nach Kingston windet sich entlang eines ausgetrockneten Flussbetts durch eine bewaldete Schlucht und ist von Hunderten unterschiedlicher Farnarten bewachsen. Entlang der Straße haben viele Souvenirverkäufer ihre Stände, neben Früchten werden auch Stickereien und Holzschnitzarbeiten angeboten.
10 km südl. von Ocho Ríos

◎ Irie Blue Hole (Secret Falls)

▸ Klappe vorne, c 3

Wem es bei den Dunn's River Falls zu voll und geschäftig sein sollte, der findet hier eine passende Alternative: ein türkisblauer Teich im Dschungel, permanent mit Frischwasser versorgt – Schwimmen in diesem klaren Naturpool ist ein Vergnügen für die Sinne. Und: Ein Fußweg bringt Sie in 10 Min. zu einem sechs Meter hohen Wasserfall.
Thatch Hill Road • tgl. 8–17 Uhr • Eintritt 10 US-$
11 km südöstl. von Ocho Ríos

◎ Port María   ▸ Klappe vorne, c 3

Das Haus des englischen Schriftstellers Noël Coward (1899–1973) wird vom Jamaica National Trust als Museum unterhalten. Vom Garten hat man einen Traumblick über die Bucht von Port Maria; hier sitzt Sir Noël als Statue auf einem Stuhl, in einer Ecke des Gartens befindet sich sein Grab. Auf dem Nachbargrundstück von »Firefly«, wie Coward sein Haus taufte, liegt ein Beobachtungskiosk, der als Café und Pub fungiert.
Firefly, Port María • Mo–Do und Sa 9–17 Uhr • www.firefly-jamaica.com • Eintritt 10 US-$
30 km östl. von Ocho Ríos

◎ Shaw Park Botanical Gardens & Waterfalls 🌿

▸ Klappe vorne, b 3

Eine grüne tropische Oase, Schauplatz für die bei Besuchern immer beliebter werdenden Hochzeitszeremonien. Riesige, mehrere Jahrhunderte alte Bäume, seltene tropische Pflanzen (auch aus den höher gelegenen Blue Mountains) und ein unbezahlbarer Ausblick bis in die Bucht von Ocho Ríos. Über den durch viele Treppen und Stufen strukturierten Park sprudelt auch ein Wasserfall, der in kleine Seen mündet.
Shaw Park Estate, Shaw Park Road • tgl. 9–17 Uhr • Eintritt 10 US-$
4 km südl. von Ocho Ríos

◎ White River 🍴🌿

▸ Klappe vorne, b 3

Eine individuelle »Kreuzfahrt« ist die 45 Min. lange Reise auf einem Gummireifen über die Kaskaden des White River, »tubing« genannt. Die Tour kostet 66 US-$ pro Person (zu buchen bei Ocho Ríos Tour, www.ochoriostour.com). Die Kaskaden sind nicht hoch und reifentauglich; man passiert Kokospalmenplantagen und Bambushaine.
12 km südl. von Ocho Ríos

Wer die Dunn's River Falls (▶ MERIAN TopTen, S. 50) auf Jamaika erklimmen möchte, sucht wegen der rutschigen Felsen am besten Halt beim Vorder- oder Hintermann.

KUBA   ▶ Klappe vorne, a 2–c 3

Nur knapp 150 km vor der Küste Floridas liegt Kuba, das den Grundsätzen des Sozialismus treu bleibt.

»Ich gestehe, beim Anblick dieser blühenden Gärten und grünen Wälder und am Gesang der Vögel eine so innige Freude empfunden zu haben, dass ich es nicht fertig brachte, mich loszureißen und meinen Weg fortzusetzen«, heißt es im Schiffstagebuch über den 28. Oktober 1492, als Christoph Kolumbus mit drei Schiffen an der Nordostküste landete.

Kuba, die größte Insel der Großen Antillen (mehr als 1200 km lang, zwischen 30 und 150 km breit), bietet koloniale Baudenkmäler in spanischen Stadtkernen. 1959 landete Fidel Castro mit 56 Genossen aus Tuxpan/Mexiko kommend im Westen der Insel, entriss sie ihrem Diktator Fulgencio Batista und wurde neuer Staatschef Kubas.

Havanna   ▶ Klappe vorne, a 2

2,3 Millionen Einwohner
Stadtplan ▶ S. 55

Die kubanische Hauptstadt ist eine der faszinierendsten Hafenstädte der Karibik. Die **Altstadt** ⭐ und die Festungsanlagen wurden bereits 1982 von der UNESCO zum Welterbe ernannt, und danach begann ein ehrgeiziges Restaurierungsprojekt. Schönster und auch meistbesuchter von Havannas 15 Stadtteilen ist das im Osten liegende Alt-Havanna (La Habana Vieja): eine 5 km² große Schatzkammer voller Kirchen und Klöster, Festungen und prachtvoller Paläste, im Osten begrenzt durch den Hafen, im Westen durch die Straßen Egido und Monserrate. **Zentral-Havanna** bildet im Westen die Fortsetzung der Altstadt und wird im Norden von der langen Uferstraße Malecón begrenzt, im Westen von der Infanta.

SEHENSWERTES

Acuario Nacional 👫 ▶ S. 55, westl. a 2
Seelöwen, Delfine und Meeres-
schildkröten sind einige der vielen
Arten von Meeresbewohnern dieses
Aquariums, in dem unterschiedliche
Küstenzonen mit Mangroven und
Höhlen nachgebildet sind.
3a Avenida/Ecke Calle 62, Miramar •
www.acuarionacional.cu • Di–So 10–
18 Uhr • Eintritt 7 CUC

Castillo de la Real Fuerza ▶ S. 55, c 2
Das Schloss der »königlichen
Macht« wurde von 1558 bis 1582 aus
Kalkgestein mit Burggraben und
Zugbrücke erbaut und beherbergt
heute ein Schifffahrtsmuseum.
Plaza de Armas, Habana Vieja • Di–
So 9.30–17 Uhr • Eintritt 3 CUC

Kathedrale ▶ S. 55, b 2
Das verwitterte Kalkstein-Portal
der Catedral de San Cristóbal mit
ihren wuchtigen Säulen und den
zwei flankierenden Glockentürmen
ist das beherrschende Bauwerk des
Platzes. Die gewaltigen Kirchen-
glocken stammen aus Spanien und
der kubanischen Provinz Matan-
zas. Kunsthistorisches Juwel im Kircheninneren sind der Hochaltar, mit
Gold und Silber verziert, sowie die
zahlreichen Fresken und Malereien.
Plaza de la Catedral, Habana Vieja •
tgl. 8–20 Uhr

El Malecón ▶ S. 55, a 2
Beim Spaziergang entlang der 7 km
langen Meerespromenade erhält
man Einblick in das Leben in der
Hauptstadt, denn hier sind die Kuba-
ner unterwegs. Seit Jahrzehnten restauriert man am Malecón die Häuser
der Jahrhundertwende, mit Bögen,
Arkaden und Balkonen ausgestattet

und mit Dachgarten. Die Straße
wurde bereits 1862 vom kubanischen Ingenieur Francisco de Albear
geplant, ab 1902 trieben die USA den
Bau voran.

Vedado ▶ S. 55, westl. a 2
Im Hotel- und Geschäftsviertel des
westlich der Altstadt gelegenen
Stadtviertels Vedado ist die geschäftige 23. Straße, meist »La Rampa«
genannt (weil leicht ansteigend),
noch immer ein beliebter Treffpunkt
zum Flanieren. Von hier aus führt
der Malecón nach etwa 3 km in östlicher Richtung zur Altstadt und
zum Castillo de la Punta. Vom Malecón aus haben Sie einen guten
Ausblick auf die Hochhäuser dieses »Habana Moderna«. In Vedado
liegen die Universität sowie der
Revolutionsplatz, umstanden vom
Verteidigungs- und Innenministe-
rium sowie dem Nationaltheater und
der Nationalbibliothek. Herz der
Plaza de la Revolución ist ein über
100 m hoher Obelisk aus Marmor
sowie eine Statue für José Martí,
den Freiheitskämpfer und Nationalhelden Kubas. Hier finden traditionell alle großen Versammlungen
des kubanischen Volkes statt, und
hier hielt Fidel Castro, der »Máximo
Lider« (der »Große Führer«), seine
Ansprachen zum 1. Mai.

MUSEEN

Museo del Automóvil ▶ S. 55, c 3
Über 50 historische Fahrzeuge,
farbenprächtig lackiert, das älteste
ist ein Cadillac aus dem Jahr 1905,
und berühmt ist Camilo Cienfuegos'
Oldsmobile Rocket 98 von 1959.
Oficios 13 (zwischen Justín und
Obrapía), Habana Vieja • Di–So
9–16.30 Uhr • Eintritt 2 CUC

Museo de la Ciudad   ▶ S. 55, c 3

Der barocke Palast aus dem 18. Jh., einst Sitz der Gouverneure, beherbergt das Geschichtsmuseum.
Palacio de los Capitanes Generales, Cuba Tacón, Plaza de Armas, Habana Vieja • tgl. 9.30–18 Uhr • Eintritt 3 CUC

Museo de la Revolución   ▶ S. 55, b 2

Es gibt in Havanna keinen besseren Ort, um der Ereignisse um die Castro'sche Revolution zu gedenken. 1957 setzten bereits Studenten zum Sturm auf den Palast des damaligen Präsidenten Batista an. Und vom Balkon konnte Fidel Castro wenige Jahre später die Gründung seines Komitees zur Verteidigung der Revolution verkünden. Ché Guevara hielt hier seine erste Ansprache. Im Museum ausgestellt sind neben Fotografien und Dokumenten, den Waffen der Revolutionäre und originalgetreuen Nachbildungen der Revolutionshelden auch Werke des Malers Armado Menocal. Sehenswert ist der Spiegelsaal, in dem sich der Diktator Batista bei rauschenden Empfängen feiern ließ.
Calle Refugio, Habana Vieja • tgl. 10–17 Uhr • Eintritt 5 CUC

Museo del Ron Havana Club
    ▶ S. 55, c 3

Dieses Museum widmet sich dem beliebtesten Exportprodukt: kubanischem Rum. Alle Stadien des Herstellungsprozesses werden in diesem Palast aus dem 18. Jh. mithilfe von Originalmaschinen erklärt. Es gibt auch Führungen.
Avenida del Puerto 262 (Calle San Pedro/Ecke Calle Sol) • www.havana club.com • tgl. 9.30–17.30 Uhr • Eintritt 7 CUC

Museo Nacional de Bellas Artes
    ▶ S. 55, b 2

Das prächtige Nationalmuseum der Schönen Künste bietet einen einzigartigen Einblick in die Geschichte der kubanischen Malerei: von der frühesten Vergangenheit bis hin zur Gegenwart.
Calle Trocadero/Ecke Calle Monserrate, Habana Vieja • www.bella sartes.cult.cu • Di–Sa 10–18, So 10–14 Uhr • Eintritt 8 CUC

SPAZIERGANG
Stadtplan ▶ S. 55
Der Spaziergang beginnt in der **Altstadt (La Habana Vieja)** ⭐, am **Castillo de la Real Fuerza**, dem ältesten Festungsbauwerk Havannas (16. Jh.), das weithin sichtbar an der Hafeneinfahrt steht. Der Festungsturm ist gekrönt von einer 2 m hohen bronzenen Figur, der **Giraldilla**, die als Wahrzeichen der Stadt gilt. Davor liegt die **Plaza de Armas**, umgeben von zahlreichen kolonialen Prachtbauwerken. Im barocken **Palacio de los Capitanes Generales** von 1790 an der Westseite des Platzes ist heute das **Museo de la Ciudad** (Stadtmuseum) untergebracht. Schräg gegenüber befindet sich der **Palacio del Segundo Cabo** (1776), der heute eine Abteilung des Kultusministeriums beherbergt. Im Osten der Plaza steht **El Templete**, die 1827 entstandene Nachbildung eines dorischen Tempels.
Nordwestlich der Plaza de Armas, nur ein paar Querstraßen weiter, stoßen Sie auf die **Plaza de la Catedral**, dominiert von der herrlichen Kathedrale. Gegenüber liegt das **Museo de Arte Colonial** im ehemaligen Palacio de los Condes de Casa Bayona, einem eher schlichten

Havanna

Castillo de los Tres
Reyes del Morro

Cojímar,
Playas del Este, Varadero

La Habana del Este

Castillo de San Salvador
de la Punta

Fortaleza de San Carlos
de la Cabaña

Estudiantes
de Medicina

Canal de Entrada

Parque
de los Mártires

Ave. Carlos M. Céspedes (Ave. del Puerto)

Cárcel

Cárcel
de Tacón

Máximo
Gómez

Malecón

Mus. Nac.
de la Música

Parque

Refugio

La

Pal. de la
Artesanía

Colón

Mus. de la
Revolución

Wil. Lam

Trocadero

Mem.
Granma

Bodeguito
del Medio

Animas

Mus. Nac.
de Bellas Artes

Centro Catedral

Castillo de la
Real Fuerza

Museo de
Arte Colonial

El Templete

Pl. de Armas

Pal. de los Cap. Gen.,
Mus. de la Ciudad

Virtudes

Habana

Concordia

Neptuno

Santa
Teresa

Obispo

Depósito del
Automóvil

Teatro
García Lorca

San Miguel

Parque
Central

Santo
Cristo

Obrapía

Lamparilla

Convento y
Iglesia de
San Francisco
de Asís

San Rafael

San Martín
(San José)

Amistad

Aguila

Santo
Brasil

Pl. Vieja

Museo Fundación
Havana Club

Capitolio
Nac.

Muralla

Dragones

Vieja

Parque de la
Fraternidad
Americana (Reina)

Fuente de la
India

Convento y
Iglesia
de Belén

Espíritu
Santo

Avda. Simón Bolívar (Reina)

Acosta

Jesús María

Merced

La Merced

San Francisco
de Paula

Casa Natal
de José Martí

Estación Central
de Ferrocarriles

Desamparado

Mártires
de La Coubre

Puerta Cerrada

Ave. de España (Vives)

Diaria

Ensenada de Atarés

Avenida del Puerto

Castillo de Atarés

Fábrica

N

0   300 m

San Francisco da Paula,
Finca Vigía, Jardín
Botánico

© MERIAN-Kartographie

Vedado, Acuario Nacional

San Nicolás
Manrique

Industria

Consulado

Ave. de Italia (Galiano)

Crespo

Paseo de Martí (Prado)

Zulueta

Monserrate

Agramonte

Aguacate

Compostela

Habana

Aguiar

Cuba

San Ignacio

Mercaderes

Oficios

San Pedro

Maximo Gómez (Monte)

San Nicolás

Corrales

Apodaca

Corrales

Gloria

Misión

Arsenal

Cárdenas

Economía

Factoría

Suárez

Revillagigedo

Aguila

Leonor Pérez

Herrenhaus mit Arkadengängen aus dem Beginn des 18. Jh.

Sie passieren auch das **El Patio**, seit vielen Jahren eines der besten Restaurants Havannas, untergebracht in einem spanischen Palast von 1760. Über die **Calle Obispo**, heute Fußgängerzone und von vielen kolonialen Gebäuden eingerahmt, durchqueren Sie die Altstadt. An der Ecke Monserrate können Sie eine der berühmtesten Kneipen Havannas, das **El Floridita**, besuchen.

Eine Querstraße weiter ist der herrliche **Parque Central** erreicht; der baumbestandene Park ist seit altersher das Herz von La Habana Vieja. Hier liegen das **Teatro García Lorca**, Schauplatz für Aufführungen des Nationalballetts, sowie das **Hotel Inglaterra**, neben dem Hotel Nacional de Cuba die stilvollste Übernachtungsadresse Havannas. Das Grandhotel zeigt eine neoklassische Fassade, während im Foyer spätkoloniale Jugendstilpracht überwältigt. Angrenzend an den 1772 erbauten, mosaikbestückten Prachtboulevard Prado (eigentlich Paseo Martí) liegt das **Capitolio Nacional**, eine kubanische Kopie des Washingtoner Kongressgebäudes, 1926 bis 1929 während der Diktatur von Machado als Geste der Verbundenheit mit den USA errichtet. Über den Prado gelangen Sie zum **Malecón**.

Dauer: 2–3 Stunden

ESSEN UND TRINKEN

Floridita ▶ S. 55, b 3

Hemingways Daiquiri-Quelle • »Er trank noch einen gefrorenen Daiquirí ohne Zucker, und als er das schwere, frostbeschlagene Glas hob, sah er die klare Schicht unter dem geraspelten Eis, und sie erinnerte ihn

an das Meer« – so setzte Hemingway dem Cocktail in »Inseln im Strom« ein Denkmal. Der Schriftsteller trank seine Daiquiris am liebsten in dieser Bar, in Gesellschaft von Ava Gardner und Ingrid Bergman. Mit angeschlossenem Restaurant.

Obispo 557, Ecke Monserrate, Habana Vieja • Tel. 07/8 67 13 00 • www.floridita-cuba.com • tgl. 12–1 Uhr • €€€

Bodeguita del Medio ▶ S. 55, b 2

Berühmt • Am Tresen hängt der Wahlspruch Hemingways, um dessen zweite Stammkneipe es sich hier handelt. »Mi mojito en el Bodeguita, mi Daiquiri en el Floridita«.

Empedrado 207, Havana Vieja • Tel. 07/8 67 13 74 • tgl. 12–24 Uhr • €€

La Guarida ▶ S. 55, westl. a 3

Koloniales Wohnzimmer • »Paladares« heißen die privaten Restaurants, die landestypisches Essen im Wohnzimmer oder in der Küche anbieten. In diesem Nobel-»Paladar« wurden Szenen des Films »Fresa y chocolate« (»Erdbeer & Schokolade«) gedreht, und dementsprechend beliebt ist er bei Besuchern.

Calle Concordia 418 (zwischen Gervasio und Escobar) • Tel. 07/8 66 90 47 • www.laguarida.com • tgl. 12–16 und 19–23 Uhr • €€

EINKAUFEN

In Kuba kauft man Rum (Havana Club) und Zigarren. Vermeiden Sie die auf den Straßen Havannas günstig angebotenen Marken, es handelt sich dabei um minderwertige Kopien. Man kauft in den Tabakfabriken Partágas, H. Upmann und La Corona angeschlossenen Verkaufsshops oder in den großen Hotels –

Die Ähnlichkeit mit dem Capitol in Washington ist nicht zu übersehen. Havannas Capitolio Nacional (▶ S. 56) wurde 1926 als Geste der Verbundenheit mit den USA erbaut.

seriös und in guter Auswahl. Die älteste Zigarrenfabrik ist Partágas (Calle Industrial).

Ebenfalls ein empfehlenswertes Mitbringsel ist der Guaven-Likör Guayabita del Pinar aus der Provinz Pinar del Río.

AM ABEND

La Tropicana   ▶ S. 55, westl. a 2

Kubas berühmter Nachtklub ist einer der bekanntesten und größten der Karibik. Flimmer und Glitter, Glanz und Gloria: Für die Besucher zeigt sich Kubas Sozialismus von seiner farbenprächtigsten Seite, seit 1931 treten hier die angeblich schönsten Frauen von Kuba in einer spektakulären Revue auf, die Assoziationen an den Karneval von Rio weckt: über 200 Tänzerinnen und Tänzer in exotischen Kostümen und Kopfschmuck, die Choreografie folgt afro-kubanischen Rhythmen. 1000 Sitzplätze.

Marianao, Calle 72/Ecke Calle 43 • Tel. 07/8 26 17 17 • www.cabarettropicana.com • Di–So Showbeginn 20.30 Uhr • Eintritt (inkl. Snack und Getränk) ab 75 US-$

STRÄNDE

Schönster Strand im Bereich der Hauptstadt ist Santa María (20 Min. per Taxi), an Wochenenden herrscht hier ausgelassene Partystimmung.

Der bei Touristen beliebteste Badeort ist Varadero, 130 km östlich von Havanna auf der schmalen Halbinsel Hicacos gelegen, mit 20 km langem Sandstrand und der besten touristischen Infrastruktur der Insel. Park mit Umkleidekabinen.

SERVICE

AUSKUNFT

Infotur   ▶ S. 55, b 3

Calle Obispo 521, Habana Vieja • Tel. 07/8 66 33 33 • www.infotur.cu

Ausflüge

◎ **Finca Vigia**   ▶ Klappe vorne, a 2

Auf diesem idyllischen Landsitz am Stadtrand von Havanna im Vorort San Francisco de Paula lebte der Nobelpreisträger Ernest Hemingway (1899–1961) von 1940 bis zum Sommer 1960, hier beendete er seinen Roman »Wem die Stunde schlägt« und schrieb sein wohl schönstes und ergreifendstes Werk »Der alte Mann und das Meer«. Heute beherbergt die Finca das **Museo Hemingway**. Der Schriftsteller, selbst begeisterter Hochseeangler und Jäger, schmückte die Finca mit Hirschgeweihen, ein Löwenfell ziert einen Salon, und zahlreiche Bücherschränke reihen sich an den Wänden aneinander. Eine von Pablo Picasso gefertigte Keramikplatte ist in der Bibliothek ausgestellt. Den dreistöckigen Turm im Garten ließ Mary Welsh, die Hemingway im März 1946 heiratete, erbauen. Im Garten liegt ein Nachbau der »Pilar«, der 13 m langen Motorjacht Hemingways.

San Francisco de Paula, Calle Vigia • www.hemingwaycuba.com • Mo–Sa 10–16, So 9–13 Uhr • Eintritt 5 CUC 15 km südöstl. von Havanna

◎ **Jardín Botánico Nacional de Cuba** 🌿   ▶ Klappe vorne, a 2

Havannas botanischer Garten bietet auf 600 ha eine Reise durch die Vegetationszonen der Erde. 35 km Wege führen durch den Park. Steuern Sie den kubanischen Teil an, in dem Kakteen und Edelhölzer, Palmen und Kiefernwälder und tropische Baumriesen wachsen. Kleinere Wasserfälle, Seerosenteiche und mehrere Cafés laden zum Verweilen ein.

Calabazar, Carretera El Rocio km 3,5 • tgl. 9–16 Uhr • Eintritt frei 20 km südl. von Havanna

📷 FotoTipp

VON HAND GEROLLTE ZIGARREN

In Pinar del Río haben Sie Gelegenheit, die Zigarrenfabrik Fabrica de Tabacos Francisco Donatién zu besuchen. An rund 50 Tischen sitzen Männer und Frauen und rollen die Zigarren von Hand; Sie können herantreten und die Fertigung aus der Nähe fotografieren – und ein Schwätzchen anfangen
▶ S. 58

◎ **Pinar del Río**   ▶ Klappe vorne, a 2

Meterhohe Königspalmen, reetgedeckte Hütten und schroffe Felsen: In der Provinz Pinar del Río treffen die zwei Gebirgszüge der **Sierra del Rosario** und der **Sierra de los Organos** aufeinander, eine landschaftlich reizvolle Gegend, in der auch zwei UNESCO-Biosphärenreservate liegen. Ein Drittel der Provinz ist be-

In der Bar Floridita (▸ S. 56) pflegte schon Hemingway seine Drinks zu schlürfen. Angeblich hat hier der Cocktail Daiquirí im Jahr 1914 das Licht der Welt erblickt.

waldet, den Rest bedecken Tabakpflanzungen und Zuckerrohrfelder: »Jardín de Cuba«, der Paradiesgarten Kubas. In den Bergen der Sierra de los Organos liegt auch das Tal von **Viñales**, geprägt von flachen und steil aufragenden Kalksteinhügeln. Auf den Tabakplantagen gedeiht zwischen Oktober und Mai der beste Tabak der Welt. Die Kleinstadt Viñales, im kolonialen Stil errichtet, ist Ausgangspunkt für eine Reihe von Naturschönheiten. Zuvor stärkt man sich mit einer »trapiche«, dem typischen Getränk der Gegend: Rum, Honig, Eis und ein Stückchen rumgetränkten Zuckerrohrs.

Pinar del Río, gegründet 1571, die gleichnamige Hauptstadt der Provinz, ist im Schachbrettmuster angelegt und verfügt über eine Reihe von Jugendstil- und klassizistischen Gebäuden und mehrere Museen. Der Geologie und der Pflanzenwelt der Provinz gewidmet ist das naturkundliche Museum (**Museo de Ciencias Naturales**) im Palacio Guasch in der Calle Martí 202, Ecke Pináres. Anschaulich wird dargelegt, wie es zur Ausbildung der »mogotes«, der typischen Kalksteinhügel, gekommen ist. Das Gebäude veranschaulicht, wie man im 18. Jh. zahlreiche Stilrichtungen vereinte, um die Pracht s noch zu steigern.

180 km westl. von Havanna

PUERTO RICO ▸ Klappe hinten, a/b 1

Die kleinste Insel der Großen Antillen (180 km Länge, bis zu 60 km Breite) liegt zwischen der Dominikanischen Republik und den US Virgin Islands. Amerikanische und spanische Kultur verbinden sich auf dem Eiland auf das Engste. Die Inselsprache ist Spanisch, Englisch wird von weniger als 10 % der Bevölkerung gesprochen. Zu den auch im

Ausland bekannten Latinomusikern puertoricanischer Herkunft zählen Ricky Martin und Jennifer Lopez.

Das einst von Zuckerrohr abhängige Puerto Rico ist, auch dank hoher Subventionen der USA, heute ein moderner Industriestaat und die wirtschaftlich erfolgreichste Insel der Großen Antillen. Sicher trägt auch dieser Umstand dazu bei, dass für die Bevölkerung die Unabhängigkeit nicht erstrebenswert ist. Das Pro-Kopf-Einkommen der Puertoricaner ist das höchste der gesamten Region. Tourismus, besonders aus den USA, trägt ebenfalls wesentlich zum Bruttosozialprodukt bei.

Die landschaftlichen und kulturellen Ressourcen sind beeindruckend: Dichter tropischer Regenwald und hohe Berge prägen das Inselinnere, im Meer hingegen leben Delfine, Seekühe und Wale. Die Fauna ist überaus reich an endemischen Arten, und von 350 Vogelarten brüten 120 auf der Insel Puerto Rico.

San Juan ▸ Klappe hinten, b 1

430 000 Einwohner
Stadtplan ▸ S. 63

Die puertoricanische Hauptstadt hat ein hohes Verkehrsaufkommen und wirkt mit ihren Fast-Food-Outlets und den Hochhäusern auf den ersten Blick wie eine US-amerikanische Metropole. San Juan besitzt jedoch eine einzigartige Altstadt, in der das koloniale Erbe der spanischen Kolonialherren noch heute sichtbar ist. Kreuzfahrtschiffe legen an vier Piers der Südseite der Altstadt an.

SEHENSWERTES

Bacardi Destillerie ▸ S. 63, südl. e 3

Mit der Fähre (50 Cent) geht es von Pier 2 über den Hafen auf die andere

Wächter über die Bucht von San Juan: Die Festung El Morro (▸ MERIAN TopTen, S. 61) widerstand bereits im 16. Jh. den Angriffsversuchen von Sir Francis Drake.

Seite der Bucht, von dort mit dem Bus oder Taxi nach Cataño, wo die Destillerie liegt. Während der Führung mit dem Minizug (45 Min.) durch die Distille, die Fabrik und das Museum probiert man zwei Rumsorten. Danach kann man im Souvenirshop Bacardi-Produkte erstehen. Carretera 165 km 6,2 Cataño • www. casabacardi.org • Mo–Sa 9–16.30, So ab 10 Uhr • Tour ab 15 US-$

Castillo de San Cristóbal ▸ S. 63, e 2

Die zwischen 1634 und 1772 erbaute Fortanlage bewachte einst das östliche Tor (Puerta Tierra) der von einer Mauer umgebenen Stadt gegen mögliche Angriffe vom Land. Das Castillo besteht aus fünf einzelnen (einst autonomen) Gebäudekomplexen, die durch unterirdische Tunnel und Gräben miteinander verbunden sind. Von hier hat man herrliche Panoramablicke über die Altstadt und zum Stadtteil Condado. Calle Norzagaray, Viejo San Juan • www.nps.gov/saju • tgl. 9–18 Uhr • Eintritt 10 US-$ (zusammen mit San Felipe del Morro)

El Convento ▸ S. 63, c 2

1646 begann man mit dem Bau des Klosters Convento de las Carmelitas, das fünf Jahre später von den Nonnen des Karmeliterordens bezogen wurde. Nach der Schließung des Klosters zu Beginn des 20. Jh. wurde das äußerlich schlichte Bauwerk mit klassischen Proportionen und meterdicken Außenwänden von Robert Woolworth aus der Kaufhaus-Dynastie in ein Fünf-Sterne-Hotel umgebaut. Besichtigen Sie das grandiose Foyer und nehmen Sie eine Erfrischung im vorzüglichen Patio-Restaurant El Picoteo.

100 Calle Cristo, Plaza de las Monjas • www.elconvento.com

La Fortaleza ▸ S. 63, c 3

Die zwischen 1533 und 1540 zum Schutz der Stadt und der Bucht erbaute Befestigungsanlage bestand ursprünglich aus einem großen Innenhof mit einem Turm, umgeben von Mauern. Nachdem später ein höheres, palastähnliches Bauwerk angefügt war, beherbergt La Fortaleza – bei der Bevölkerung auch als Palacio Santa Catalina bekannt – seit dem 16. Jh. die Gouverneure der Insel. Die unter dem Schutz der UNESCO stehende Anlage weist eine Vielzahl unterschiedlicher Stilelemente auf, neben mittelalterlichen auch barocke und gotische. Calle Fortaleza, Viejo San Juan • www.fortaleza-gobierno.pr • Mo–Fr 9–16 Uhr, mehrmals täglich Führungen • Eintritt frei

⭐ Fuerte (Castillo) San Felipe del Morro ▸ S. 63, a 1

Ein langer Weg führt zum Eingangstor. Die gewaltige Festung wacht von einem hohen Felsen 40 m über dem Meer seit dem 16. Jh. über die San Juan Bay und widerstand 1595 einem Angriff von Sir Francis Drake. Über zwei Jahrhunderte lang bauten spanische Architekten und Militäringenieure die Befestigungsanlage El Morro aus. Sie gehört seit 1983 zum UNESCO-Welterbe und birgt in ihren Mauern auf sechs Stockwerken zahlreiche Hallen, Räume, Keller, Gänge, Plazas und Türme. San Felipe del Morro, am Rand der Altstadt von San Juan • www.nps. gov/saju • tgl. 9–18 Uhr • Eintritt 10 US-$ (zusammen mit Castillo de San Cristóbal)

Viejo San Juan

Kopfsteinpflastergassen, Paläste mit schweren Holztoren und Balustraden-Balkonen, romantisch bewachsene Plazas, Häuser in hellen Bonbonfarben: In der restaurierten Altstadt von San Juan sind Hunderte von kolonialen Bauwerken aus dem 16. und 17. Jh. registriert, viele davon hergerichtet als Museen, Cafés, Galerien und Boutiquen. Es herrscht eine lebhafte, beschwingte karibische Atmosphäre bis in die späten Abendstunden. Hauptplatz ist die von Tauben bevölkerte Plaza de Armas, in deren Zentrum sich ein Brunnen aus dem 19. Jh. erhebt.

An Wochenenden und Feiertagen werden oft Konzerte und Volkstänze veranstaltet. Die Plaza wird an der Südseite flankiert vom Rathaus, genannt Alcaldía (Mo–Fr 8–16 Uhr), einem Bauwerk aus dem frühen 17. Jh., dessen Fassade Arkaden auf zwei Stockwerken besitzt und das von Türmchen flankiert ist.

MUSEEN

Casa Blanca   ▶ S. 63, c 2

Bereits das Gebäude ist ein architektonisches Juwel: Das Haus des spanischen Konquistadors Juan Ponce de León, erster Gouverneur von Puerto Rico, stammt aus dem Jahre 1521 (dem Jahr seines Todes), wurde lange von seiner Familie bewohnt und beherbergt heute ein eindrucksvolles Museum für die karibische Kultur und das spanische Kolonialleben vom 16. bis 18. Jh. Ein idyllischer Garten mit Brunnen aus roten Ziegelsteinen verlockt zu einer Ruhepause.
Calle de San Sebastián, am westl. Ende, Viejo San Juan • Mi–So 9–12, 13–16.30 Uhr • Eintritt frei

Museo de las Américas 👫

▶ S. 63, b 2

Das sehr sehenswerte völkerkundliche Museum (im zweiten Stock einer dreistöckigen spanischen Kasernenanlage aus dem 19. Jh.) ist der Karibik und den Kulturen Amerikas gewidmet. Eine Dauerausstellung über »Indianer in Amerika« zeigt Bronzeplastiken in tropisch gestalteter Umgebung, die Abteilung Volkskunst stellt Musikinstrumente, Puppen und Figuren aus Pappmaschee aus, auch vielfältige afrikanische Fruchtbarkeits- und Ritualmasken.
Cuartel de Ballajá, Calle Norzagaray, Ecke Calle del Morro, Viejo San Juan • www.museolasamericas.org • Di–Fr 9–12, 13–16, Sa 10–17, So 12–17 Uhr • Eintritt 6 US-$

SPAZIERGANG

Stadtplan ▶ S. 63

Viejo San Juan liegt auf einer Insel im Nordwesten der Stadt und ist mit dieser durch zwei Brücken verbunden. Ihre Forts und historischen Stadtmauern sind UNESCO-Weltkulturerbe. Die Altstadt mit ihren Kolonialhäusern aus dem 16. und 17. Jh., mit kopfsteingepflasterten Straßen, kleinen Parks und Plätzen, mit ihren Kirchen und Forts liegt auf einem hügeligen Plateau mit teilweise langen Treppen. Hier entdecken Sie Cafés, Restaurants und mehrere Museen. Ein Spaziergang durch die Altstadt lässt sich problemlos allein unternehmen und kann direkt am Pier beginnen. Wem es zu viel oder zu heiß wird, der nutzt einen der kostenlosen Trolleybusse, die durch die Altstadt fahren; man kann überall ein- und aussteigen. Die Busse starten an der Plaza de la Marina und am Pier 4.

Viejo San Juan

Atlantischer Ozean

Aeropuerto Internacional, Condado Beach

Bacardi Distilleries

Pier 3

Pier 2

Pier 1

Bahia de San Juan

Castillo de San Felipe del Moro

Cementerio

Castillo de San Cristóbal

Museo de las Americas

Convento de los Dominicos

Plaza de Quinte

Plaza de Centenario

Casa Blanca

Puerta de San Juan

La Fortaleza

Calle del Moro

Calle San Miguel

Calle San Miguel

Calle Norzagaray

Calle Beneficencia

Museo de Arte y Historia

Museo de Pablo Casals

Casa de los Contrafuertes

Iglesia de San José

Museo del Indio

El Convento

Alcaldia

Catedral

Capilla del Cristo

Calle San Sebastián

Calle del Cristo

Calle Recinto Oeste

Calle de las Monjas

Calle San Juan

Calle San José

Calle Sol

Calle Luna

Calle San Francisco

Calle Fortaleza

Calle O'Donnel

Calle Sol

Calle San Justo

Calle Tanca

Calle Cruz

Plaza de Armas

Museo de Bellas Artes

Casa del Libro

La Princesa

Paseo de la Princesa

El Arsenal

La Puntilla

Calle Recinto Sur

Calle Tetuan

Calle San Francisco

Casa del Callejón

Teatro de Tapia

Plaza de Colón

Casino

Av. Ponce de León

Muñoz Rivera

Paseo de la Covadonga

Calle Comercio

Calle Marina

Museo del Mar

240 m

0

N

© MERIAN-Kartographie

Von den Anlegepiers wenden Sie sich westlich zur kleinen Shoppingmall **Plaza de la Marina**, mit Blick auf die Bucht. In westlicher Richtung verläuft der **Paseo de la Princesa** (19. Jh.) mit Statuen, Brunnen und kleinen Gärten entlang der im 18. Jh. erbauten Stadtmauer **La Muralla**. Sie zieht sich weiter an der Südwest-, West- und Nordseite der Altstadt. Die Promenade wendet sich nach Nordwesten und führt an der Fortaleza vorbei zur **Puerta de Juan** (1635), ein Tor, das durch die Stadtmauer in die Calle San Juan führt. Man wendet sich rechts in die Straße Recinto del Oeste zur **Fortaleza**, dem Sitz des Gouverneurs (Führungen stündlich, Mo–Fr 9–17 Uhr). Zurück auf der Calle Recinto del Oeste trifft man rechts in einem Park auf die **Casa Blanca**, einst das Wohnhaus des Konquistadors Juan Ponce de León, heute ein völkerkundliches Museum. Der Weg führt weiter zur **Calle del Morro** und über das freie Feld Campo del Morro zum **Fuerte (Castillo) San Felipe del Morro** ⭐. Auf dem Rückweg trifft man am südlichen Ende der Calle del Morro auf das **Cuartel de Ballajá**, ein Kasernengelände aus dem 19. Jh. mit dem **Museo de las Américas**. Über die Plaza de San José mit dem **Museo Pablo Casals** und die Calle Cristo mit der **Kathedrale** erreicht man das Zentrum, **Plaza de Armas**, und von dort südlich wieder die Calle Marina.
Dauer: 2 Stunden

ESSEN UND TRINKEN

Aguaviva   ▶ S. 63, d 2
Meeresspezialitäten • Beste Altstadtlage und ausgefallenes maritimes Design mit offener Küche: In diesem exquisiten Fischrestaurant werden köstliche »ceviches«, marinierte Meeresfrüchte mit Limone, Paella, Thunfisch und Garnelen in Kokosnusspanade, aufgetischt.
Calle Fortaleza 364, Viejo San Juan • Tel. 7 87/7 22-06 65 • www.aguaviva pr.com • Mo–Mi 17–22, Do–Sa 16–22 Uhr • €€€

La Mallorquina   ▶ S. 63, d 2
Stilvoll speisen • Das 1848 eröffnete Restaurant gehört zu den ältesten der Karibik. Untergebracht in einem historischen Gebäude genießt man hier »gazpacho« (kalte Gemüsesuppe), »arroz con pollo« (Reis mit Huhn), Paella sowie typische karibische Gerichte. Probieren Sie Mini-»bacalaitos« (frittierte Kabeljau-Häppchen) und »mofongo con camerones« (Kochbananen-Klöße mit feurig-scharfen Krabben)!
Calle San Justo 207, Ecke Calle Fortaleza • Tel. 7 87/7 22-32 61 • tgl. 12–23 Uhr • €€€

Carli's Café Fine Bistro & Piano
▶ S. 63, d 3
Bistro mit Musik • Inhaber Carli Muñoz, ehemals Pianist bei den Beach Boys, unterhält heute seine Gäste gerne mit Jazz, dazu gibt es beste internationale Küche und puertoricanische Nouvelle Cuisine. Von der Restaurantterrasse bietet sich ein schöner Blick auf die Bucht.
Calle Recinto Sur, Ecke Calle San Justo, Viejo San Juan • Tel. 7 87/7 25-49 27 • www.carlisworld.com • Mo–Sa 11.30–15, 17–23.30 Uhr • €€

EINKAUFEN
Die Haupteinkaufsstraße Calle del Cristo der Altstadt Viejo San Juan hat zahlreiche gut sortierte Kunst-

handwerksgeschäfte. In San Juan und Umgebung gibt es mehrere Shoppingmalls. Mit rund 250 Boutiquen ist die Plaza de las Américas (Hato Rey, Avenida Franklin Roosevelt) die größte der Karibik.

STRÄNDE

Puerto Rico besitzt viele Strände, besonders beliebt ist der feinsandige Condado Beach in San Juan.

SERVICE

AUSKUNFT
Tourism Information Center
▸ S. 63, d 3
Ochoa Bldg., 1. Stock, Calle Marina/
Ecke Calle Comercio, Pier 1 • Tel.
7 87/7 22-17 09 • tgl. 9–17.30 Uhr

Ausflüge

◎ **Dorado**   ▸ Klappe hinten, a 1

Das 1842 gegründete Dorf am Meer ist einer der schönsten Touristenorte der Insel. Schon früh erkannte die Rockefeller-Familie das Potenzial der Region und erwarb größere Landflächen. Auf dem Landsitz der Dynastie entstand das heutige Hyatt Hacienda del Mar, eines der luxuriösesten Hotels von Puerto Rico (301 Highway 693, www.hyatthacienda delmar.hyatt.com). Auch ein kleines Museum kann besichtigt werden: **La Casa del Rey** (Calle Méndez Vigo 292, Mo–Fr 8–16.30 Uhr, Spende erbeten) zeigt Dokumente der Stadtgeschichte. Das hübsche einstöckige Haus stammt aus dem Jahr 1823.
Ca. 30 km westl. von San Juan

◎ El Yunque National Forest

▸ Klappe hinten, a 1

Die Luquillo Mountains und der 1080 m hohe Berg El Yunque prägen den artenreichen Regenwald, der sich rühmt, der einzige Tropenwald der USA zu sein. Das 11 000 ha große Naturschutzgebiet, ein einzigartiges, weitgehend intaktes Öko-System, kann auf geführten Touren erforscht werden. Sie bekommen handtellergroße Schmetterlinge, Dutzende von Orchideenarten, von Epyphyten und Farnen bewachsene tropische Baumriesen zu sehen. Excellent unterhaltene Hiking Trails führen zu mehreren Wasserfällen und Aussichtspunkten.

Man verlässt San Juan in östlicher Richtung auf der Carretera 3 und fährt dann südlich auf der Ctra. 191. Im El Portal Visitor Center am Parkeingang fragt man am besten nach Detailkarten und Hinweisen auf Wanderwege und Schwimmgelegenheiten für den Fall, dass man auf eigene Faust unterwegs sein will. Hier lassen sich auch englischsprachige Guides anheuern, und geführte Reitausflüge und weitere Aktivitäten können gebucht werden.
Carretera 191 • www.fs.usda.gov/el yunque • tgl. 7.30–18 Uhr • Eintritt El Portal Visitor Center 4 US-$, Park frei
Ca. 50 km südöstl. von San Juan

◎ Ruta Panorámica

▸ Klappe hinten, a 1

Die 265 km lange Panoramastraße verläuft zwischen Yabucoya im Osten von Puerto Rico und Mayagüez, der drittgrößten Stadt der Insel an der Westküste, und durchquert die **Cordillera Central**, eine Region mit üppigen tropischen Tälern und hoch aufragenden Bergen sowie Dörfern, in denen die Zeit stillzustehen scheint. Es ist möglich, die Straße auf einer Teilstrecke zu befahren, etwa ab Cayey (rund 50 km südlich von San Juan).

Kleine Antillen

Vom winzigen Robinson-Eiland über Promi-Treffs zu weltberühmten Destinationen: Zwischen Anguilla und Tobago
zeigen die Inseln ihre ganze Vielfalt.

◄ Der historische English Harbour
(► MERIAN TopTen, S. 70) auf Antigua.

Die Kleinen Antillen bilden einen über 2400 km langen Bogen einzelner Inseln, die sich von den Virgin Islands im Norden bis Aruba im Süden erstrecken. Der Großteil dieser etwa 700 Inseln ist unbewohnt. Eine weitere Unterteilung trennt die Kleinen Antillen in die nördlichen **Leeward Islands**, nämlich die »Inseln über dem Wind« (Antigua, Virgin Islands, St. Martin, Saint-Barthélemy, St. Kitts & Nevis, Guadeloupe) und die südlichen **Windward Islands**, die »Inseln unter dem Wind« (Martinique, St. Lucia, Barbados, Grenada, Bonaire, Curaçao, Trinidad & Tobago).

ANTIGUA   ► Klappe hinten, d 2
Karte ► S. 132/133

Die nur 23 km lange und 14 km breite Insel (89 000 Einwohner) besitzt einige der schönsten Ankerplätze, dazu breite, von Palmen beschattete Strände, nach Auskunft des Fremdenverkehrsamts nicht weniger als 365 Stück, nämlich »einen für jeden Tag des Jahres«. Landschaftlich hingegen kann die Insel kaum beeindrucken, weite karge Ebenen prägen das Land. Antigua ist die größte der Leeward-Inseln (»Inseln über dem Wind«) und bildet gemeinsam mit der Nachbarinsel **Barbuda** einen unabhängigen Staat im **Britischen Commonwealth**.

Vor 2500 Jahren waren Arawak-Indianer die ersten Siedler auf Antigua, britische Siedler erreichten 1632 die Insel und errichteten bald ausgedehnte Zuckerrohrplantagen. Die letzte Zuckerfabrik schloss 1966. Noch heute sind überall auf der Insel verfallene Zuckermühlen zu sehen. Ein Muss jedes Antigua-Aufenthaltes ist ein Besuch des historischen English Harbour und des Aussichtspunkts **Shirley Heights**. Antigua gilt als Hochburg für Segler, die Saison wird eröffnet mit der **Antigua Yacht Show** im Dezember und beendet mit der **Antigua Sailing Week** (► Feste und Events, S. 127) im April, der größten Regatta der Karibik.

St. John's   ► S. 132, B/C 3
35 000 Einwohner

St. John's, die Inselhauptstadt, liegt an einer tief eingeschnittenen Bucht an der Nordwestküste. Fast die Hälfte der Einwohner lebt hier und in der näheren Umgebung. Schnurgerade ziehen sich die Straßen hinunter zum Hafen. Meist liegen Kreuzfahrtschiffe am Heritage and Redcliffe Quay (bis zu vier nebeneinander), die die ein- bis zweigeschossigen Holzhäuser überragen.

SEHENSWERTES
St. John's Cathedral

Mit ihren hohen weißen Zwillingstürmen überragt die barock anmutende Kirche die Skyline von St. John's und gehört zu den markantesten Bauwerken der Stadt. Mitte des 19. Jh. wurde das anglikanische Gotteshaus, das auch St. John the Divine genannt wird, an der Stelle einer früheren, durch ein Erdbeben zerstörten Kirche neu erbaut. Größter Schatz im Kircheninneren, das geprägt ist durch dunkles Pinienholz, ist eine Figur, die Johannes den Täufer darstellt und die sich auf einem der Schiffe Napoleons befunden haben soll.

Newgate Street • www.thestjohns
cathedral.com

MUSEEN
Old Court House
Das älteste Gebäude der Stadt, ein ehemaliger Gerichtshof von 1748, beherbergt heute das Museum of Antigua and Barbuda. Zahlreiche historische und naturgeschichtliche Exponate und Einzelausstellungen (u. a. zur Geschichte der Arawak-Indianer, zur Rumproduktion und zur Sklaverei) illustrieren die Entwicklung von der Plantageninsel zur karibischen Feriendestination sehr anschaulich.
Long Street/Ecke Market Street • Tel. 2 68/4 62-49 30 • www.antigua museums.net • Mo–Fr 8.30–16.30, Sa 10–14 Uhr • Eintritt 3 US-$

SPAZIERGANG
Der Rundgang beginnt beim **Redcliffe Quay**, wo sich auch der Cruise Dock für die Kreuzfahrtschiffe befindet. Einst beherbergten die farbenfrohen Holzboutiquen mit steinernem Fundament Warenlager für Zucker und Kaffee, der auf Antigua produziert wurde. Von der Redcliffe Street biegen Sie nach links in die Market Street, bis Sie drei Querstraßen weiter zur Long Street gelangen. Hier liegt das sehenswerte **Museum of Antigua and Barbuda**. Anschließend folgen Sie zwei Blocks weiter der Market Street und zweigen rechts in die Newgate Street ab. Schon von Weitem sehen Sie **St. John's Cathedral** mit den hohen Türmen. Zurück geht es über Church Lane und Temple Street, bis Sie entlang der St. Mary's Street zu **Hemingway's**, dem schönsten Café-Restaurant der Stadt, kommen. Zum Abschluss steht vielleicht noch etwas Shopping am **Heritage Quay** an.
Dauer: 1 Stunde

ESSEN UND TRINKEN
Hemingway's
Prächtige Aussicht • Für eine Erfrischung oder zum Dinner bei Kerzenlicht: Auf der Veranda im ersten Stock beobachtet man bei einem Rum-Fruchtcocktail das quirlige Treiben auf der Straße und am Hafen. Das Caribbean Restaurant and Café in einem weiß-grün gestrichenen Holzhaus westindischer Prägung bietet kreolische Spezialitäten wie »conch fritters« (frittierte Conch-Muscheln), »seafood chowder« und beste US-Küche (Steaks und Salate), dazu köstliche exotische Desserts und Kaffee.
Thames Street • Tel. 2 68/4 62-27 63 • www.hemingwayantigua. com • tgl. 8.30–23 Uhr • €€–€€€

The Mainbrace Pub
Englischer Pub • Vom Frühstück bis tief in die Nacht der Treffpunkt auf der Insel: Der Pub im stimmungsvollen Copper and Lumber Store-Hotel vereint britisches Ale und karibische Spezialitäten ebenso wie Millionäre und mittellose Lebenskünstler.
The Copper and Lumber Store, Nelson's Dockyard, English Harbour • Tel. 2 68/4 60-11 60 • www.copper andlumberhotel.com • tgl. 8–23 Uhr • €€

Café Napoleon
Schattig unter Bäumen • Die vielen Stammgäste schätzen »Nap's«, ein Café-Bistro im französischen Stil, wegen seiner leckeren Croissants, dem Cappuccino und dem eisgekühlten Wadadli (lokales Bier) sowie der Plätze im Freien.
Redcliffe Quay • Tel. 2 68/5 62-18 20 • Mo–Sa 9–16.30 Uhr • €

Wie ein »weißer Riese« mutet dieses Kreuzfahrtschiff im kleinen Hafenbecken –
am Redcliffe Quay – von Antiguas Hauptstadt St. John's (▶ S. 67) an.

EINKAUFEN

Heritage Quay und Redcliffe Quay 👫

Die am Cruise Terminal liegenden Einkaufskomplexe gehören zu
den beliebtesten Adressen des Duty-
free-Shoppings auf den Kleinen
Antillen. Mehrere Dutzend Boutiquen und Souvenirläden bieten zollfreies Kunsthandwerk, Mode sowie
Schmuck und Elektronikartikel.
Übrigens: Der lokale Rum heißt
»Cavalier«. Nach dem Shoppen trifft
man sich in einem der karibisch gestylten Cafés und Restaurants von
Heritage Quay oder Redcliffe Quay
auf einen Drink.
Jeden Samstag findet ab dem frühen
Morgen ein bunter Obst- und Gemüsemarkt auf dem Marktplatz an
der Ecke Market Street/Valley Road
und All Saints Road statt. Gleich daneben verkauft man auf dem Kunst-
handwerkermarkt farbenfrohe Gemälde, Schnitzereien, handbemalte
T-Shirts und karibische Stoffpuppen
in allen Farben.

STRÄNDE

Am stadtnächsten liegt der nörd-
lich gelegene **St. John's Beach**, ein
öffentlicher, bei Einheimischen und
Touristen beliebter Strand; er bietet
Verleih von Sonnenschirmen und
Liegestühlen sowie eine Strandbar.
Antiguas schönster Strand, fein-
sandig und idyllisch, ist die **Half
Moon Bay**, abgelegen im Südosten
und ideal für Schnorchler. Hier gibt
es auch ein Restaurant und eine
Strandbar.

SERVICE

AUSKUNFT
Tourism Authority
ACB Financial Centre, High Street,
St. John's • Tel. 2 68/562 76 00 •
www.antigua-barbuda.org

TAXI

Taxis warten am Cruise Terminal. Da es keine Taxameter gibt, müssen vorher die Preise vereinbart werden. Die vorgeschriebenen Preise hängen am Taxistand in Heritage Quay aus.

Ausflüge

◎ **Betty's Hope Plantation**

▶ S. 133, D 4

Die 1650 von Sir Christopher Codrington gegründete und nach dessen Tochter benannte Zuckerplantage ist die älteste der großen Plantagen Antiguas. Das Manor House ist längst verfallen, doch mit der Übernahme durch die Antigua Historical and Archaeological Society wurde auf dem Gelände ein modernes Besucherzentrum eröffnet. Heute ist die Plantage ein Freilichtmuseum, das mit allen Aspekten der Arbeit auf einer Zuckerrohrplantage

vertraut macht. Sehenswert ist – neben den diversen historischen Bauwerken – eine instand gesetzte Windmühle. Die Besichtigung lässt sich gut mit einem Besuch des English Harbour verbinden.

Di–Sa 10–16 Uhr • Eintritt 2 US-$ Pares, ca. 15 km südöstl. von St. John's

◎ **English Harbour** ⭐

▶ S. 133, D 6

Im Süden der Insel, im Ensemble dreier miteinander verbundener Buchten, lag im 18. Jh. schon Admiral Nelsons Karibikflotte vor Anker. English Harbour war für die Briten die bedeutendste und am besten geschützte Flottenbasis Westindiens. Die alte Werft des Admirals wurde restauriert und nach ihm benannt: **Nelson's Dockyard**. In einem der Lagerhäuser befindet sich das **Dockyard Museum** (Naval Offi-

Diese Windmühle gehört zur 1650 gegründeten Zuckerrohrplantage Betty's Hope Plantation (▶ S. 70) auf Antigua, die heute ein Freilichtmuseum beherbergt.

cer's House, tgl. 8–17 Uhr, Eintritt 5 XCD), in dem noch einige der ehemals zur Reparatur der Schiffe verwendeten Werkzeuge zu bestaunen sind. Zu sehen gibt es auch antike Seekarten, Möbel aus der Kolonialzeit und Gemälde. In den ehrwürdigen Backstein-Lagerhäusern, den Werkstätten und Docks riecht es nach Alter Welt und schmeckt es nach Meer. Hier laden zahlreiche Cafés, Restaurants und Boutiquen zum Besuch ein.

18 km südl. von St. John's

◎ Fort Barrington ▶ S. 132, A/B 3

Gleich zwei Forts bewachten einst die Einfahrt zum Hafen, nämlich das westlich der Stadt an der Nordküste der Halbinsel Five Islands über der Deep Bay gelegene Fort Barrington und das nördlich gelegene Fort James. Barrington, Ende des 18. Jh. unter Gouverneur Burt errichtet, wirkt noch als Ruine malerisch. Schön ist der Blick über den Hafen.
Five Islands
4 km westl. von St. John's

◎ Shirley Heights ▶ S. 133, D 6

Den schönsten Blick auf English Harbour genießen Sie von diesem Felsen im Südosten der Hafenanlage. Von hier oben sieht man, wie die Jachten und Segelboote in die Hafenanlage von Nelson's Dockyard steuern. Außerdem erkennt man die Landspitzen Proctor's Point und Harman Point, die die Hafeneinfahrten markieren. Sonntags füllt sich der Platz mit Menschen, angezogen von Reggae- und Steelband-Klängen. Der Rumpunsch fließt in Strömen, und es werden Grills aufgebaut. An der Straße nach Shirley Heights lohnt ein Besuch des **Dow's**

Hill Interpretation Centre, innerhalb der Ruinen einer ehemaligen Fortanlage erbaut, eine moderne Multimedia-Präsentation über die Geschichte Antiguas von den Siboney-Indianern bis zur Gegenwart.
20 km südl. von St. John's

📷 FotoTipp

ENGLISH HARBOUR

Man muss hinauf zum Aussichtspunkt Shirley Heights, um das ganze Ausmaß und die Pracht zu erfassen: die drei Buchten des English Harbour mit ihren Jachten, das Dorf Nelson's Dockyard mit der Werft und dem Hotel und das Karibische Meer ▶ S. 70

ARUBA ▶ Klappe vorne, d 5

Karte ▶ S. 134

Vor der Küste Venezuelas liegt das 32 km lange und knapp 10 km breite Aruba, die kleinste der drei sogenannten **ABC-Inseln** (Aruba, Bonaire, Curaçao), die zu den ehemaligen **Niederländischen Antillen** gehören. Der Unterschied zum südamerikanischen Festland könnte nicht größer sein. Knorrige, vom Passatwind gekrümmte Divi-Divi-Bäume, Kakteen und Dornengestrüpp bedecken das wüstenartige Inselinnere. Das Leben spielt sich weitgehend an der Küste ab. Weiße Sandstrände, die Besucher aus aller Welt anziehen, sind das größte touristische Kapital. Der Bevölkerung sind die Fremden vertraut, Folge einer Einwanderungswelle, die nach Erdölfunden während des Zweiten Weltkrieges ausgelöst wurde. Arubas Bevölkerung setzt sich aus mehr als 40 Nationen zusammen.

Oranjestad ▶ S. 134, A 3

33 000 Einwohner
Stadtplan ▶ S. 73

In der Inselhauptstadt Oranjestad an der Westküste glänzt alles wie frisch lackiert. Die neuen mehrstöckigen Häuser in Pastellfarben tragen weiß leuchtenden und altholländisch anmutenden Fassadenschmuck aus Kacheln. Im Jachthafen Marina Harbour Town, dem Zentrum der Stadt, liegen Segelboote und Luxusjachten vor Anker.

SEHENSWERTES

Atlantis Submarines Expedition 👫 ▶ S. 73, b 2

Seit 1990 ist dieser Unterwasserpark eine der größten Besucherattraktionen Arubas: Fühlen Sie sich wie Kapitän Nemo, wenn Sie bis zu 40 m tief in einem (klimatisierten) U-Boot unter die Meeresoberfläche abtauchen. Während der zweistündigen Tour (davon 45 Min. unter Wasser) sind faszinierende Einblicke in die tropische Unterwasserwelt des Korallenriffs garantiert.
L.G. Smith Boulevard 142 • Adventure Center, De Palm Tours • Tel. 522 44 00 • www.depalmtours.com • 105 US-$

Fort Zoutman 👫 ▶ S. 73, c 2

Das älteste erhaltene Bauwerk der Insel (1796) ist eine bescheidene, durch die niederländische Armee errichtete Festung aus Stein und Lehm, die häufiger als Gefängnis und Polizeiwache denn als Verteidigungsanlage genutzt wurde. Der zum Fort gehörende Leuchtturm, genannt »Willem III Tower«, beherbergt ein Museum mit Exponaten zur Kolonialgeschichte der Stadt (**Museo Arubano**).

Wöchentlich heißt es im Fort (Di 18.30–20.30 Uhr) »Bon Bini« – Willkommen. Beim **Bon-Bini-Festival** erfreuen Kunsthandwerk und kulinarische Spezialitäten die Besucher.
Zoutmanstraat 1 • Mo–Fr 8.30–16 Uhr • Eintritt 5 US-$

MUSEEN

Museo Arqueologico Aruba
▶ S. 73, b/c 2

Kleine Ausstellung zur Geschichte der Insel; auch Fundobjekte zur Frühgeschichte Arubas (Steinwerkzeuge, Vasen) werden ausgestellt.
Schelp Straat 42 • www.namaruba. org • Di–Fr 10–17, Sa, So 10–14 Uhr • Eintritt frei

Museo Arubano ▶ S. 73, c 2

Das Aruba Historical Museum liegt im Willem III Tower und illustriert die Kolonialgeschichte von Aruba.
Fort Zoutman • Mo–Fr 8.30–16 Uhr • Eintritt 5 US-$

SPAZIERGANG

Stadtplan ▶ S. 73

Entlang des Meeres verläuft der **L. G. Smith Boulevard**, an dem sich Häfen für Jachten und Sportboote, Boutiquen, Restaurants und Cafés aneinanderreihen. Vom **Cruiseship Terminal** im Stadtzentrum wenden Sie sich rechts (nach Süden) und passieren den farbenprächtigen **Schooner Market**, den Obst- und Gemüsemarkt von Oranjestad. Tropisches Obst und Gemüse werden täglich frisch mit Booten (hier »Borkjes« genannt) aus Venezuela angeliefert. Als Nächstes folgt der Jachthafen **Marina Harbour**: Hier herrscht besonders während der europäischen Wintermonate viel Betrieb. Die Marina grenzt an den

Queen Wilhelmina Park, eine grüne tropische Oase mit Blick aufs Meer, benannt nach der niederländischen Königin Wilhelmina, die ein halbes Jahrhundert lang die Niederlande und auch Aruba regierte. Biegen Sie in die links abgehende Oranjestraat ein, dann liegen gleich linker Hand das **Parlament** und der Amtssitz des Gouverneurs vor Ihnen. Schräg gegenüber erhebt sich **Fort Zoutman**. 1984 eröffnete dort die Schwester der früheren niederländischen Königin Beatrix, Prinzessin Margriet, das **Museo Arubano**. Von der Festungsanlage führt die Zoutmanstraat links (nach Norden) zur Plaza der **Seaport Mall**, einem großen Shoppingkomplex mit Luxushotel. Über die Havenstraat geht es wieder zurück zum Hafen.
Dauer: 1,5 Stunden

ESSEN UND TRINKEN

Madame Janette   ▸ S. 73, nördl. a 1
Unter freiem Himmel • Hier wird Kochkunst zelebriert: Pasta, Steaks, Meeresfrüchte – in diesem vielfach ausgezeichneten Restaurant (u. a. als »Best Restaurant of the Caribbean«) werden Standardgerichte von europäischen Küchenchefs sternewürdig zubereitet und üppig angerichtet serviert. Reservierung nötig!
Cunucu Abou 37 • Tel. 5 87 01 84 • www.madamejanette.info • Mo–Sa 17.30–22 Uhr • €€€l

Driftwood   ▸ S. 73, c 2
Frisch aus dem Meer • »Sea Scallops« (Jakobsmuscheln) und »Lobster Crêpes« (Crêpes gefüllt mit Hummer) gibt es als Vorspeise, danach gegrillten Fisch mit süß-saurer Pfirsichsauce. Die Inhaber, Francine und ihr Mann Herby, bereiten seit 1986 die besten Fisch- und Meeresfrüchtespezialitäten der Insel zu. Karibik-Nostalgiker lieben im »Treibholz« das Interieur im Stil westindischer Fischerhütten ebenso wie den köstlichen weißen Fruchtpunsch.
Klipstraat 12 • Tel. 5 83 25 15 • www.driftwoodaruba.com • Mo–Sa 17.30–22.30 Uhr • €€€

Coco Plum   ▶ S. 73, c 1
Rustikaler Patio • Für zwischendurch: kleine Gerichte wie Pasteten, Salate und Sandwiches, italienisch und US-amerikanisch zubereitet, frisch gepresste Säfte – erste Wahl bei einem Stadtspaziergang.
Caya Betico Croes 100 • Tel. 5 83 11 76 • Mo–Sa 10–17 Uhr • €

EINKAUFEN
In der Shopping-Hochburg Oranjestad gibt es zahlreiche moderne Malls. Beliebt sind »The Alhambra Shopping Bazar« sowie »The Atrium«, ferner »The Renaissance Mall« und »Renaissance Marketplace« mit Hunderten von Boutiquen, Restaurants und Cafés. Ein hochpreisiges Angebot hat die »Royal Plaza Mall«. Zu den inseltypischen Spezialitäten gehören holländische Schokolade, Käse, Delfter Porzellan sowie Produkte der einstigen holländischen Kolonie Indonesien (Rattanmöbel, balinesische Stoffe und Bekleidung).

Aruba Aloe   ▶ S. 73, nördl. a 1
Bereits 1840 wurde auf Aruba Aloe vera eingeführt. Die Insel wurde zum weltweit größten Produzenten des Sukkulenten-Gewächses mit heilender Wirkung. Hier kauft man die Originalprodukte, Aruba Aloe kommt nicht nur pur bei Sonnenbrand, sondern auch bei pflegenden Kosmetikprodukten zum Einsatz. Im Aruba Aloe Museum & Factory (Mo–Fr 8.30–16, Sa 9–17 Uhr, Eintritt frei) erfährt man viel Wissenswertes über die Heilpflanze. Weitere Geschäfte liegen in der Caya Betico Croes 78 und in Palm Beach an der Westküste.
Pitastraat 115 • www.arubaaloe.com

AM ABEND
Crystal Casino   ▶ S. 73, b 2
Ganz in der Nähe des Cruise Terminals am Meer liegt das Crystal Casino.
Im Renaissance Aruba Resort & Casino, L.G. Smith Boulevard 82 • Tel. 5 83 60 00 • www.marriott.com • tgl. 24 Std.

STRÄNDE
Palm Beach heißt der nordwestlich von Oranjestad liegende, 12 km lange breite Puderzuckerstrand, beschattet von Kokospalmen, an dem zwei Dutzend Hotels der oberen Preisklasse liegen. Davor liegt der palmengesäumte, feinsandige **Eagle Beach** mit weiteren Hotels.

SERVICE
AUSKUNFT
Aruba Tourism Authority   ▶ S. 73, b 2
L.G. Smith Boulevard 172 • Tel. 5 82 37 77 • www.aruba.com

TAXI
Zwar sind die Taxis nicht mit einem Taxameter ausgestattet, doch sind feste Streckenpreise vorgeschrieben, und die Fahrer haben diese Liste im Wagen. Beliebt ist auch das Mieten eines offenen Jeeps für etwa 80 US-$ pro Tag; am Cruise Terminal warten diverse Anbieter auf Neuankömmlinge.

Ausflüge
◎ **Butterfly Farm** 👫 🌿
                          ▶ S. 134, A 3
In einem tropischen Garten werden Schmetterlinge aus mehreren Erdteilen gezüchtet. Ein zauberhaftes Vergnügen für Erwachsene wie Kinder, bei dem man zudem einiges darüber erfährt, wie Schmetterlinge

auch im eigenen Garten heimisch werden können.

J. E. Irausquin Boulevard, Palm Beach • tgl. 8.30–16.30 Uhr • Eintritt 15 US-$

7 km nördl. von Oranjestad

◎ Südostküste ▶ S. 134, B 4–C 5

Kandelaberkakteen und weiße Sanddünen prägen den durch Wanderwege erschlossenen **Arikok-Nationalpark**, der zwischen dem 176 m hohen Mount Ariko und der Ostküste liegt und knapp 20 % der Inselfläche einnimmt. Felsformationen tragen Zeichnungen der frühen indianischen Siedler, und im Südwesten des Parks liegt ein wiederaufgebautes frühes Bauernhaus aus Lehm, dessen weiß getünchte Fassade mit geometrischen Motiven verziert ist. Das sogenannte **Cunucu-Haus** soll das Leben auf Aruba in früheren Jahrhunderten illustrieren. Im Süden des Parks liegt die etwa 100 m lange **Fontein-Höhle** mit frühen indianischen Felszeichnungen an der Decke, nämlich Spiralen, Kreisen und Punkten. Die Haupthöhle enthält zudem zahlreiche bizarr geformte Tropfsteinsäulen. Etwa 1 km südlich der Höhle liegt das 150 m lange Höhlensystem von **Guadirikiri**, bewohnt von einer Kolonie von kleinen Fledermäusen. Nach einem weiteren Kilometer erreicht man **Baranca Sunu** (oder Huliba-Höhle), wegen des herzförmigen Eingangs auch »Tunnel of Love« genannt, eine rund 200 m lange Höhle (Verleih von Helmen und Taschenlampen am Eingang der Höhle).

Die Straße führt nach **San Nicolas** (der zweitgrößten Stadt der Insel), wo man in Charlie's Bar einkehrt, einer Institution seit Jahren.

Im äußersten Süden von Aruba gelangen Sie zum **Baby Beach**, eine einzige große karibische Badewanne, gebildet aus kreisrund angeordneten Felsen. Im glasklaren Wasser lässt es sich herrlich baden und schnorcheln. Über die Küstenstraße gelangt man wieder zurück nach Oranjestad.

20 km südöstl. von Oranjestad

BARBADOS ▶ Klappe hinten, e 4

Karte ▶ S. 135

Das 431 km² große Barbados gehört zu den beliebtesten Karibikzielen der Briten und US-Amerikaner, weil es über hervorragende Strände, vorzügliche Restaurants und über freundliche, lebensfrohe Bewohner, genannt »Bajans« (über 90 % sind Nachfahren schwarzer Sklaven), verfügt.

Kolumbus ließ die östlichste Insel der Kleinen Antillen im wahrsten Sinne des Wortes links liegen: Auf jeder seiner insgesamt vier Entdeckungsreisen segelte er an der unbewohnten Korallenkalksteininsel vorbei. Briten waren schließlich die ersten Europäer, die auf Barbados an Land gingen. Für annähernd drei Jahrhunderte (bis 1966) verblieb die Insel in englischem Besitz und ist heute ein unabhängiger Staat im **Britischen Commonwealth**, was mit ein Grund dafür ist, dass auf Barbados links gefahren wird, Five o'Clock Tea, National Trust (eine in England ansässige Denkmalschutzorganisation) und natürlich Cricket noch heute in hohem Ansehen stehen. Die Westküste der Insel bietet über 15 km weiße, teilweise leicht rosafarbene Sandstrände, im Osten herrschen Steilküste und ein raues Klima vor.

Bridgetown
▶ S. 135, A 4/5

102 000 Einwohner
Stadtplan ▶ S. 77

Die im Südwesten liegende Hauptstadt Bridgetown, 1628 von den
Briten gegründet, ist eine propere
Ansammlung aus historischen Gebäuden und karibischen Häusern.
Das **Kreuzfahrtterminal**, eines der
modernsten und größten der Region, liegt knapp 2 km nordwestlich
der Stadt. Hier finden Sie zahlreiche Duty-free-Boutiquen, Kunst-
handwerksstände sowie das Barbados Tourist Office (www.barbados.
org) und Autovermietungen, Taxis
und Anbieter für Sightseeingtouren.
Im Juni 2011 wurde die historische
Altstadt von der UNESCO zum
Weltkulturerbe erklärt.

MUSEEN

Barbados Museum   ▶ S. 77, südl. c 2

Das Museum ist untergebracht im
alten Gefängnis (St. Ann's Garrison)
am Südrand der Stadt. Dort grup-
piert sich eine Reihe hübscher und
von der Barbados Historical Society
restaurierter Gebäude mit geräu-
migen Veranden um einen großen
Platz (The Garrison Square). In zehn
Galerien werden Exponate zur Geschichte sowie zur Fauna und Flora
von Barbados gezeigt, darunter auch
Kolonialmöbel aus einer alten Plantage. Bücher aus dem 17. Jh. illustrieren in der Bibliothek die Geschichte
der Insel. Ein kleines Café unter
schattigen Bäumen im Patio sowie
ein Geschäft, das gute Reproduktio-
nen historischer Gemälde und Karten anbietet, ergänzen das Museum.
St. Ann's Garrison, St. Michael •
www.barbados.org/barbmus.htm •
Mo–Sa 9–17, So 14–18 Uhr • Eintritt
18 BBD

Tyrol Cot Heritage Village
▶ S. 135, A 4

Bei dem Freilichtmuseum handelt es
sich um das ehemalige Heim – ein
Herrenhaus mit palladianischen und
karibischen Stilelementen – von Sir
Grantley Adams, Barbados erstem
Premierminister. In dem vom Barbados National Trust restaurierten
Gebäude sind Möbel und Gemälde
aus dem Besitz der Familie zu sehen.
In den ehemaligen Arbeiterhütten,
den farbenfrohen »Chattel Houses«,
sind Kunsthandwerksboutiquen untergebracht. Ein für Barbados typi-
scher Rum-Shop hält Sandwiches,
Tee und diverse Rumsorten bereit.
»Chattel houses« heißen die kleinen
Häuser im westindischen Stil, die
nur aus ein, zwei Zimmern und einer
Veranda bestehen. Die auf Stelzen
erbauten Häuschen können mit
wenigen Handgriffen zerlegt und bei
Bedarf an anderer Stelle wieder aufgebaut werden.
Codrington Hill, St. Michael • Mo–Fr
8–16.30 Uhr • Eintritt 16 BBD

SPAZIERGANG

Stadtplan ▶ S. 77

Starten Sie Ihren Rundgang am
Hafen **The Careenage** und bum-
meln vom Independence Square
über die Chamberlain-Bridge zum
Trafalgar Square, noch heute Mittelpunkt der Stadt und umgeben von
mehreren öffentlichen Gebäuden.
Hier sehen Sie auch das Bronze-
denkmal für den berühmten Seehelden Lord Nelson aus dem Jahr
1813. Treffpunkt von Jugendlichen
am Trafalgar Square ist **The Fountain**, ein Brunnen aus lokalem Korallenkalkstein. Entlang der High
Street, vorbei am **Parliament Building**, gelangen Sie in die links ab-

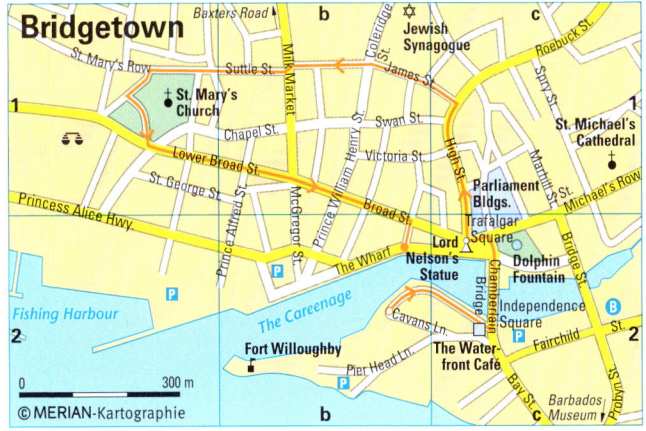

zweigende James Street. Dort erhebt sich eine **Synagoge** aus dem 19. Jh., vom Barbados National Trust restauriert. Heute lebt auf der Insel nur noch eine kleine jüdische Gemeinde, Nachkommen holländischer Siedler aus dem 17. Jh. Nachdem die Straße übergegangen ist in die St. Mary's Row, thront westlich des Stadtzentrums, Richtung des dörflichen Viertels Cheapside, die hübsche **St. Mary's Church**, umgeben von Flamboyant-Bäumen. Über die Lower Broad Street gelangen Sie zurück in die geschäftige **Broad Street**. Hier gibt es alles an Souvenirs, was man sich wünscht: von Klamotten und Musik-CDs mit den neuesten Reggae- und Calypso-Hits vom Straßenhändler bis zu Kaschmirpullovern im Department Store. Typisch Karibik: Im Schaufenster einer Konditorei sind Dutzende von pastellfarbenen und mehrstöckigen Torten ausgestellt. Wieder zurück an der Careenage, lassen Sie sich am besten in einem der Cafés mit schönem Blick auf die Jachten nieder.
Dauer: 1,5 Stunden

ESSEN UND TRINKEN

Brown Sugar ▶ S. 77, südl. c 2
Bajan Cusine • Klassiker für typische Barbados-Küche, der Renner ist das Buffet Lunch, genauso empfehlenswert sind ausgesuchte Gerichte à la carte wie die »coconut shrimps«, mit hausgemachten scharfen Saucen. Es gibt eine Fülle an erfrischenden Mixgetränken, auch ohne Alkohol, dazu tropische, romantische Atmosphäre.
Aquatic Gap, Bay Street, St. Michael • Tel. 246/426-76 84 • www.brown sugarbarbados.net • Mo–Fr, So 12–14.30, tgl. 18–21.30 Uhr • €€€

Waterfront Café ▶ S. 77, c 2
Mit Blick auf Fischerboote • Das seit 1984 im ehemaligen Lagerhaus für Zucker und Melasse untergebrachte Café-Restaurant avancierte zum beliebtesten Treffpunkt von Bridgetown. In den Räumen werden (Verkaufs-)Ausstellungen lokaler Künstler veranstaltet, abends spielen Jazzmusiker. Bereits morgens sind die Tische unmittelbar am Hafenbecken belegt.

The Careenage • Tel. 2 46/4 27
00 93 • www.waterfrontcafe.com.
bb • Mo–Sa 9–18, Do–Sa 18–22 • €€

EINKAUFEN

Typische Spezialitäten sind die auf
Barbados produzierten Rum- und
Likörsorten sowie – seit 1996 eine
Erfolgsgeschichte – die in diversen
Geschäften erhältlichen Calypso
Rum Cakes, mit Rum getränkte Ku-
chen in mehreren Geschmacksrich-
tungen.

Cave Shepherd   ▶ S. 77, b 2
Alle Wege in Bridgetown führen
zum größten Kaufhaus (»department store«) der Stadt, auf drei Etagen eine stilvolle Adresse zum Einkauf zollfreier Waren.
10–12 Broad Street • www.mycave
shepherd.com

Pelican Village Craft Centre
                             ▶ S. 77, westl. a 1
Auf halber Strecke zwischen dem
Hafen für Kreuzfahrtschiffe und der
Innenstadt von Bridgetown liegt das
entzückend gestylte, in karibischen
Pastelltönen leuchtende Shopping
Village. Neben vielen internatio-
nalen Konsumartikeln zu modera-
ten Preisen gibt es auch typisches
Kunsthandwerk aus Barbados.
Princess Alice Hwy.

AM ABEND

Nach Einbruch der Dunkelheit verwandelt sich die Einkaufsstraße
Baxter's Road in das Ausgehviertel
von Bridgetown. Bis 3 Uhr morgens
brutzeln hier die Köche kleiner Restaurants und Straßenköche Fische
und Hummer am Grill, dazu wird
Baxter's, das lokale Bier, getrunken
und Rumpunsch ausgeschenkt.

STRÄNDE

St. James, der kleinste der elf
Verwaltungsbezirke von Barbados,
nördlich von Bridgetown gelegen, ist
das feinste Urlaubsgebiet der Insel
mit herrlichen breiten Sandstränden und Fünf-Sterne-Hotels. Pla-
tinküste (engl. **Platinum Coast**)
nennen die Einheimischen diesen
Küstenabschnitt. Da die Strände
von Barbados alle öffentlich zugänglich sind, können Sie entlang der
Buchten von einem Hotel zum anderen spazieren, u. a. auch zum Sandy
Lane, einer besonders reizvollen
Strandanlage unter hohen Bäumen.

SERVICE

AUSKUNFT
Tourist Office   ▶ S. 77, westl. a 1
Harbour Road • Tel. 2 46/4 27 26 23 •
www.barbados.org

Ausflüge

◎ **Andromeda Botanical
Gardens** 🌿   ▶ S. 135, B 3
Ihren Namen verdanken die tropischen Gärten gleich oberhalb
der Klippen des alten Fischerdorfes
Bathsheba der griechischen Mytho-
logie, ihre Gestaltung Iris Banno-
chie. Die leidenschaftliche Gärtne-
rin schuf 1954 mit Pflanzen aus
allen Teilen der Erde den Grund-
stock für die 24 km² große Parkan-
lage, heute im Besitz des Barbados
National Trust. Berühmt sind die
Gärten für ihre Sammlung seltener
Orchideen und Hibiskus-Arten. Das
Hibiskus Café gleich am Eingang ist
ein friedvoller Ort, um bei einem
Limettensaft ein wenig zu verweilen.
Foster Hall, Highway 3 • www.andro
medabarbados.com • tgl. 9–17 Uhr •
Eintritt 30 BBD
23 km nordöstl. von Bridgetown

Von Bridgetowns Hafen The Careenage (▶ S. 76) gelangt man in nur wenigen Schritten zum Trafalgar Square, dem zentralen Platz der Hauptstadt von Barbados.

◎ Gun Hill Signal Station

▶ S. 135, B 4

Einen schöneren Blick über die Insel gibt es nirgends: Der 1818 erbaute Signalturm, einer von sechs auf der Insel, bietet Panoramablicke über den Süden und Osten von Barbados. Gun Hill, St. George • Mo–Sa 9–17 Uhr • Eintritt 12 BBD ca. 12 km nordöstl. von Bridgetown

◎ Harrison's Cave

▶ S. 135, B 4

An heißen sonnigen Tagen wirkt ein Besuch in der Unterwelt der Höhle doppelt geheimnisvoll. In der Tat ist Harrison's Cave im zentralen Hochland der Insel ein Juwel der Natur, das man sich nicht entgehen lassen darf. Auf einer einstündigen Tour fahren Sie mit einem kleinen Elektrowagen (»tram«) ins Innere der Höhle. Eine eigene Welt öffnet sich vor Ihren Augen. Die Höhle ist in mehrere raumähnliche Bereiche gegliedert, und man entdeckt bizarre Steinformationen, sogar einen unterirdischen Fluss und glasklare Teiche. Die ausgeklügelte Beleuchtung verstärkt den mystischen, surrealen Eindruck dieser »Unterwelt«.

Allen View, St. Thomas • www.harri
sonscave.com • tgl. 8.45–15.45 Uhr •
Tour 60 BBD
14 km nordwestl. von Bridgetow

MERIAN Tipp

BESUCH IN EINER RUM-DESTILLE

Die historischen Gebäude einer der
ältesten Rumfabriken der Welt, inmitten von Zuckerrohrfeldern gelegen,
wurden restauriert und Besuchern
zugänglich gemacht. Auch eine Tour
durch den modernen Abfüllbereich
der Rum-Destille ist spannend. Anschließend darf gekauft werden.
Rum Factory & Heritage Park, Four
Square Plantation, Six Cross Roads,
St. Philip • Tel. 2 46/4 20 19 77 • Mo–
Fr 9–16.30 Uhr • Eintritt frei
21 km östl. von Bridgetown

◎ Mount Gay   ▶ S. 77, nördl. a 1

Die nach eigenen Angaben älteste
Rumbrennerei (seit 1703) gehört zu
den weltweit besten Destillerien.
Mount Gay veranstaltet 45-minütige
Führungen, bei denen Sie Einblick
bekommen in die Kunst, aus Melasse, einem Abfallprodukt der Zu-
ckergewinnung, Rum zu brennen.
Nach der Tour durch die Lagerhalle
und einem kurzen Film darf verkos-
tet und gekauft werden. Mount Gay
exportiert in über 60 Länder, die
beste (und teuerste) Marke heißt
»Mount Gay Eclipse«. Übrigens:
In »Casino Royale« (2006) orderte
James Bond statt des üblichen Mar-
tini einen Mount Gay Rum mit Soda!
Mont Gay Rum Visitor Centre,
Spring Garden Highway • www.bar
bados.org/mountgay.html • Mo–Fr

9–15.45 Uhr • Eintritt 10 US-$
2 km nördl. von Bridgetown

◎ Oistins Fish Fry 🍴🍴 ▶ S. 135, B 5

Oistins heißt ein kleiner Fischerort
an der Südküste der Insel. Hier leben
nahezu alle Bewohner vom Meer,
nämlich als Fischer, Bootsbauer oder
Händler. Freitags nach Sonnenuntergang verwandeln sich die bunten
Bretterbuden des täglich stattfindenden Fischmarkts in vorzügliche
Fischrestaurants. Es wird nach Her-
zenslust gebraten und gebrutzelt.
Nehmen Sie Platz und bestellen Sie
King- oder Flying Fish und Dolphin,
eine Doradenart, und würzen wie
die »Bajans« mit der Pepper Sauce.
Oistins • Fr ab 19 Uhr
6 km südöstl. von Bridgetown

◎ Welchman Hall Gully 🌿
▶ S. 135, B 4

Barbados schönster tropischer
Garten: Eine 15 m tiefe und über
1 km lange Schlucht war einst ein
unterirdischer Flusslauf, über dem
die Kalksteindecke einbrach. Mitte
des 19. Jh. pflanzten die damaligen
Eigentümer Bäume aus allen Teilen der Erde. Palmen, meterhohe
Farne, Muskatnussbäume und Bam-
bus, Orchideen, seltene Schmetterlinge und Affen (»green monkeys«).
St. Thomas • www.welchmanhall
gullybarbados.com • tgl. 9–16 Uhr •
Eintritt 12 US-$
7 km nordöstl. von Bridgetown

CURAÇAO   ▶ Klappe vorne, d/e 5
Karte ▶ S. 136/137

Die größte Insel der ehemaligen Niederländischen Antillen
(160 000 Einwohner), 61 km lang
und zwischen 5 und 13 km breit,
verfügt über eine reiche historische

Bausubstanz. Infolge großer Trockenheit ist Curaçao geprägt von Agaven, Dornsträuchern und meterhohen Kakteen sowie den Divi-Divi-Bäumen. Ein leichter, beständig wehender Wind macht das Klima (ganzjährig um 27 °C) gut erträglich. Ein wichtiger Wirtschaftsfaktor ist der internationale Fremdenverkehr. Besonders der Kreuzfahrttourismus ist von Bedeutung, auch deshalb, weil neben den landschaftlichen und kulturellen Sehenswürdigkeiten der Karibikinsel Preise und Warenangebot in der Hauptstadt Willemstad ihresgleichen suchen.

Willemstad   ▶ S. 136/137, C/D 5

150 000 Einwohner
Stadtplan ▶ S. 83

Die Hauptstadt Curaçaos, seit 1998 UNESCO-Weltkulturerbe und gern als »Amsterdam der Karibik« porträtiert, zeigt schöne Beispiele altholländischer kolonialer Architektur. Willemstad wird durch den Meeresarm Sint Annabaai, der tief in das Land reicht und den »Schottegat« genannten Hafen bildet, in zwei Teile getrennt: Punda auf der östlichen Seite der Bucht ist das eigentliche Herz der Stadt; hier finden Sie Geschäfte, Restaurants und Cafés, untergebracht in historischen Giebelhäusern, und hier befindet sich auch der lang gestreckte Hafen.

Otrobanda, die »andere Seite«, ist ein nahezu intaktes Beispiel altholländischer Wohnkultur in der Karibik. Von der Sint Annabaai zweigt der Meeresarm Waalgat in östliche Richtung ab und grenzt Punda an dessen Nordseite.

Kreuzfahrtschiffe legen im **Hafen** in der Hauptstadt hinter der historischen Koningin Emmabrug an.

SEHENSWERTES

⭐ Curaçao Sea Aquarium 🧒👶
▶ S. 137, D 6

Die artenreiche Unterwasserwelt Curaçaos trockenen Fußes kennenlernen: Etwa 400 unterschiedliche Arten von Meeresbewohnern (neben farbenprächtigen tropischen Fischen, die die Korallenriffe bevölkern, auch Haie und Stachelrochen) sind in Dutzenden von großen Aquarien untergebracht, daneben leben hier Seelöwen, Pelikane und Meeresschildkröten. Angeboten werden Tauch- und Schnorchelgänge. Das Sea Aquarium liegt direkt am Meer und bietet beste Infrastruktur (Cafés, Restaurants, Süßwasserduschen) für einen anschließenden Strandaufenthalt.

Sea Aquarium Beach • www.curacao-sea-aquarium.com • tgl. 8–17 Uhr •
Eintritt 21 US-$, Kinder 11 US-$
3 km südöstl. von Willemstad

Fort Amsterdam   ▶ S. 83, b 2

Das gewaltige Befestigungsbauwerk – das mächtigste der ABC-Inseln – liegt in herausragender Stellung an der Hafeneinfahrt. Das 1635 im Auftrag der West India Company erbaute Fort besitzt vier Bastionen, die aus Korallenstein und natürlichen Felsen errichtet wurden und ein unregelmäßiges Rechteck formen. Aus unterschiedlichen Epochen stammende Verwaltungsgebäude erstrecken sich heute entlang der Mauern und formen eine einheitliche Häuserflucht.

Handelskade, Punda • Mo–Sa 9–12, 14–17 Uhr • Eintritt frei

Fortkerk   ▶ S. 83, b 2

Die protestantische Fortkirche stammt aus dem 17. Jh. und beeindruckt durch ihre schlichte äußere Gestaltung, die sich auch im Inneren fortsetzt. Eine imposante doppelte Freitreppe führt in die Kirche, die mit ihrem roten Satteldach erst auf den zweiten Blick als Gotteshaus erkennbar ist und auch ein kleines Museum beherbergt.

Fort Amsterdam • www.fortchurch curacao.com • Mo–Sa 9–12, 14–17 Uhr, So 9.30 Uhr (Messe)

4 MERIAN Tipp

LIKÖR AUS CURAÇAO

In Curaçao kauft man den weltberühmten süß-bitteren Orangenlikör Curaçao, den es in diversen Geschmacksrichtungen und Farben gibt. Zum Mixen verwendet man blaue und grüne Sorten, pur und mit Eis trinkt man Curaçao-Orange. Der auffällig gefärbte Likör wird aus bitteren, ungenießbaren Orangen (Pomeranzen) hergestellt, deren Schalen seit Mitte des 19. Jh. zu einem köstlich schmeckenden Orangenlikör destilliert werden. Die alten Kupferkessel sind noch immer in Betrieb, und der Likör ist in allen Bars und Restaurants bedeutender Bestandteil tropischer Cocktails. In den Geschäften von Willemstad können Sie Curaçao, in kunstvollen Flaschen abgefüllt, kaufen.

Koningin Emmabrug   ▶ S. 83, b 2

In Willemstad muss jeder Besucher einmal über die »Swinging Lady« laufen, das Wahrzeichen der Stadt. Die Koningin Emmabrug (auch Queen Emma Bridge genannt), eine schwimmende Brücke, die ursprünglich 1888 errichtet wurde und auf 182 m die Sint Annabaai über-

quert, verbindet die beiden Stadtteile Punda und Otrobanda miteinander. Die auf Pontons schwimmende Brücke wird täglich mehr als ein Dutzend Mal geöffnet, wenn Schiffe passieren. Während dieser Zeit weichen Passanten auf die dann verkehrenden kostenlosen Fährschiffe aus. Zwischen Handelskade (Punda) und De Rouvilleweg (Otrobanda)

Synagoge Mikve Israel-Emanuel
▶ S. 83, c 2

Die in Punda stehende Synagoge »Hoffnung Israels« (Mikve Israel) stammt von 1732 und ist die älteste der westlichen Welt. Die ersten Juden kamen 1651 auf der Flucht vor der portugiesischen Inquisition in Brasilien nach Curaçao. Mit mehr als 2000 Gläubigen gehörte die jüdische Gemeinde der Insel damals zu den größten Amerikas. Heute zählt die Gemeinde nur noch einige Hundert Mitglieder, da viele Mitte des 19. Jh. in die USA emigrierten. Eine Dokumentation ihrer Geschichte zeigt das gegenüberliegende Jüdische Museum. Ungewöhnlich im Synagogeninneren ist der weiße Sand, der den Boden bedeckt, Symbol für die Wüste Sinai, die einst durchquert wurde.

Hanchi di Snoa 29, Punda • www. snoa.com • Mo–Fr 9–16.30 Uhr • Eintritt 10 US-$

MUSEEN

Curaçao Museum   ▶ S. 83, westl. a 1

Das größte Museum der Insel ist in einem von der Königlich-Holländischen Armee als Militärkrankenhaus 1853 errichteten Gebäude. Historisches Mobiliar der Niederländischen Antillen, antike Seekarten und Werke lokaler Künstler.

Van Leeuwenhoekstraat, Otrobanda • www.thecuracaomuseum.com • Di–Fr 8.30–16.30, Sa 10–16 Uhr • Eintritt 8 US-$

Kurá Hulanda Museum ▶ S. 83, b 2

Das anthropologische Museum widmet sich vor allem der afrikanischen Kolonialgeschichte.
Klipstraat 9, Otrobanda • www.kurahulanda.com • Mo–Sa 8.30–16.30 Uhr • Eintritt 10 US-$

SPAZIERGANG

Stadtplan ▶ S. 83
Vom Cruise Ship Terminal am Otrobanda-Ufer gehen Sie die Straße De Rouvilleweg südwestlich und überqueren die Koningin Emmabrug nach Punda. Entlang der Straßen finden sich noch viele aus dem 18. und 19. Jh. stammende Bauwerke in karibisch-holländischem Stil. Entlang der Küste und der **Sint Annabaai** sehen Sie besonders schöne Beispiele. Von der Hafenpromenade **Handelskade** in Punda gehen Sie in südlicher Richtung an der **Emma-Brücke** vorbei, umrunden das **Fort Amsterdam**, spazieren an der südlichen Punda-Küste entlang und kehren über die **Heerenstraat** zurück zum Ausgangspunkt. Im Stadtteil **Otrobanda** überwiegen große, repräsentative Häuser, die sich mit winzigen, oft nur zwei Zimmer zählenden Häuschen abwechseln. In der **Gravenstraat** schirmen hohe Mauern die Gebäude ab, während in der sich anschließenden **Bajonetstraat** die Häuser in einer Farbkomposition aus Rosa, Gelb und Mintgrün das Auge erfreuen.
Dauer: 1–2 Stunden

ESSEN UND TRINKEN

Bistro le Clochard ▶ S. 83, a 2
Gewölbe oder Terrasse? • Kein Bistro, sondern ein vorzügliches französisch-schweizerisches Restaurant

in fantastischer Lage in einem Teil eines historischen Forts, nämlich der einstigen Regenwasserzisterne; beliebt auch zur täglichen Happy Hour (17–19 Uhr) auf der Terrasse mit Blick auf den Hafen und die Häuser von Willemstad.

Rif Fort, Unit 1, Otrobanda • Tel. 09/ 4 62 56 66 • www.bistroleclochard. com • tgl. 12–15, 18–23 Uhr • €€€

Curanesia ► S. 137, D 5

Indonesische Spezialitäten • Zu einer typischen indonesischen Reistafel gehören etwa ein Dutzend unterschiedliche Gemüse, Fleisch- und Fischcurrys, die mit Reis, verschiedenen Saucen und knusprigem Fladenbrot serviert werden. Am besten, man bestellt gleich in größerer Runde, dann profitiert jeder Gast von Vielfalt und Auswahl der angebotenen Gerichte.

Santa Rosaweg 99 (im Osten von Willemstad) • Tel. 09/7 47 94 10 • Di– So 12–14.30, 17.30–22 Uhr • €€

EINKAUFEN

Haupteinkaufsstraße des Stadtteils Otrobanda, dessen Mode-, Schmuck- und Kosmetikboutiquen von Kreuzfahrtpassagieren stark besucht werden, ist die in Ost-West-Richtung verlaufende Breedestraat.

Floating Market ► S. 83, b 2

Die ganze Palette tropischer Früchte, Gewürze, Fisch und Gemüse werden von Venezolanern von ihren Booten aus verkauft – ein farbenfrohes Treiben, das auch die Fotografen anlockt. Das tägliche Spektakel startet bereits am frühen Morgen und zieht sich bis in den Nachmittag hinein.

Sha Caprileskade, Waalgat-Ufer, Punda

Penha ► S. 83, c 2

Das 1708 in bester Lage an der Sint Annabaai errichtete Giebelhaus im holländischen Kolonialstil und mit auffälligen weißen Stuckverzierungen bietet auf zwei Etagen Parfüms und Designermode für Damen und Herren (darunter Labels wie Calvin Klein, Donna Karan, Armani).

Heerenstraat 1, Punda, bei der Pontonbrücke

STRÄNDE

Statt langer, breiter Sandstrände bietet Curaçao eine Vielzahl kleiner und kleinster Buchten. Westlich von Willemstad liegen zu den Hotels gehörende Strände, auch für Nicht-Hotelgäste zugänglich. Weißen Sandstrand, Palmen und türkisblaues Wasser, dazu hervorragende Infrastruktur, bietet der zum **Sea Aquarium** gehörende Strand östlich von Willemstad. Ebenfalls zum Schnorcheln und Tauchen lädt der fantastische **Curaçao Underwater Marine Park** (► S. 86) östlich von Willemstad ein.

SERVICE
AUSKUNFT

Curaçao Tourist Board ► S. 83, c 2

Pietermaaiweg 19 • Tel. 09/4 34 82 00 • www.curacao.com • Informationskiosk an der Emma-Brücke in Punda

Ausflüge
◎ Christoffel National Park

► S. 136, A 2

Divi-Divi-Bäume, Bromelien, seltene Kakteen und Orchideen, dazu wilde Ziegen, Esel und ungezählte tropische Vögel: Der im äußersten Norden der Insel (etwa 1 Std. Taxifahrt) liegende und 1860 ha große

»Swinging Lady« von Willemstad: Die auf Pontons schwimmende Koningin Emmabrug (▶ S. 82) verbindet die Stadtteile Punda und Otrobanda.

Nationalpark gibt einen vorzüglichen Einblick in die landschaftlichen
Schönheiten der Insel. Hier erhebt
sich auch der **Sint Christoffel**, mit
369 m die höchste Erhebung der
Niederländischen Antillen, den Sie
mit festem Schuhwerk in ein paar
Stunden bezwingen können. Oben
angekommen, genießt man einen
herrlichen Blick bis zum Meer, an
klaren Tagen auch bis Aruba und
Bonaire. Ein kleines Museum im
Park, untergebracht im ehemaligen
Plantagenhaus Savonal, besitzt Ter-
rarien mit Leguanen und anderen
Reptilien und zeigt präkolumbi-
sche Exponate der einstigen Siedler.
Angeboten werden auch begleitete,
mehrstündige Ausritte und Jeep-
Touren durch den Park.
Savonet, Straße nach Westpunt •
www.christoffelpark.org • Mo–Sa
8–16, So 6–15 Uhr • Eintritt 12 US-$
45 km nordwestl. von Willemstad

◎ **Curaçao Underwater
Marine Park** 👭 🌿 ▶ S. 137, D/E 6
Ein etwa 20 km langes, intaktes
Korallenriff, das von farbenprächtigen tropischen Fischschwärmen,
Haien, Schildkröten und anderen
Meeresbewohnern bevölkert ist: Der
geschützte, 1983 gegründete Mee-
respark östlich von Willemstad ist
das Ziel vieler organisierter Tauch-
ausflüge und eine der größten natürlichen Attraktionen der Insel. Für
Schnorchler gibt es eigens markierte
Routen, die zu den besten Plätzen
führen; Taucher halten u. a. nach
versenkten Schiffswracks Ausschau.
15 km östl. von Willemstad

GRENADA ▶ Klappe hinten, d 4
Karte ▶ S. 142
Die »Gewürzinsel« Grenada, die
südlichste der Leeward Islands, der
»Inseln über dem Wind«, weckt Ge-
danken an farbenprächtige Märkte,

auf denen Kakao, Zimt, Muskatnüsse und Vanilleschoten verkauft und in alle Welt exportiert werden. Die fruchtbare Insel bezaubert auch landschaftlich mit seinen üppigen Regenwäldern und steil aufragenden Bergen, dem Vulkan **Mount Qua Qua**, Kraterseen und Wasserfällen sowie einer Mischung aus hellen und dunklen Sandstränden.

Grenada, dessen Bevölkerung hauptsächlich afrikanischer Abstammung ist, wurde 1498 von Christoph Kolumbus als erstem Europäer gesichtet. 1877 wurde die Insel britische Kolonie, der Anbau von Gewürzen florierte. 1974 erhielt die Insel ihre Unabhängigkeit und ist seither Mitglied des **Britischen Commonwealth**.

St. George's ▶ S. 142, A 3

35 000 Einwohner
Stadtplan ▶ S. 89

Die im 18. Jh. gegründete Inselhauptstadt St. George's bezaubert mit ihren terrassenförmig ansteigenden Häusern zwischen Palmenwäldern und dem Meer – sicherlich eine der schönsten Inselhauptstädte der Karibik. Grenada ist ein beliebter Hafen für Kreuzfahrtschiffe, die am **Melville Street Cruise Terminal** im Westen von St. George's (beim Market Square) oder am Südosteingang des hufeisenförmigen Hafenbeckens anlegen. Negative Schlagzeilen machte ein Gesetz: Urlauber können danach mit einer Geldbuße von 270 € für »unzüchtiges Entblößen« belegt werden, wenn sie außerhalb des Strandes im Bikini oder Badehose angetroffen werden. Kreuzfahrtgäste werden bei zu spärlicher Bekleidung auf das Schiff zurückgeschickt.

SEHENSWERTES

Marktplatz 🏃‍♀️🍴 ▶ S. 89, a 2

Täglich bieten ab Sonnenaufgang auf dem großen Platz inmitten der Stadt die Händler, oft Frauen, die ganze tropische Fülle ihrer Insel dar. Vor der Sonne durch Planen und Sonnenschirme geschützt, sind nicht nur die auch in Europa bekannten Gewürze ausgebreitet, sondern auch exotische Varianten wie duftende Bergamotte und gelbe Yamswurzel. Die angebotenen »spice baskets« enthalten ein gutes Dutzend unterschiedlicher Gewürze, hübsch drapiert in einem Korb verpackt. Besonders reichhaltig ist das Marktangebot an Samstagen.
Market Square

SPAZIERGANG

Stadtplan ▶ S. 89

Ein kleiner Rundgang beginnt gleich, sobald Sie das Schiff verlassen haben. Das **Cruise Ship Dock** liegt am östlichen Hafeneingang, von dort spaziert man an der östlichen Seite des hufeisenförmigen Hafens **The Carenage** auf der **Wharf Road**. Hier erinnern historische, aus roten Ziegelsteinen erbaute Lagerhäuser an die britische Kolonialzeit. Die restaurierten Gebäude beherbergen heute Cafés, Boutiquen und Restaurants. Im Hafen sehen Sie mitunter auch ältere Frachter, die zwischen der Nachbarinsel Carriacou und Grenada verkehren und Obst und Gemüse transportieren. Vorbei an der Touristeninformation geht es bis zur **Young Street**, auf der man in die Altstadt und zum **National Museum** gelangt. Südlich des Museums liegt auf einer Halbinsel das alte **Fort George**, um das ein Weg herumführt und einen Rund-

blick über den Hafen, die Altstadt und die St. George's Bay erlaubt. Anschließend spazieren Sie am Meer entlang auf der Melville Street nach Norden bis zum **Market Square**.
Dauer: 1,5 Stunden

MUSEEN

Grenada National Museum
▶ S. 89, b 2

In einem Gebäude der französischen Armee, das auf das frühe 18. Jh. zurückgeht und einst als Gefängnis und Lagerhaus diente, sind Ausgrabungen, riesige Muscheln und Versteinerungen zu sehen, eine Dokumentation über das Leben der aus Südamerika stammenden karibischen Urbevölkerung sowie antikes Mobiliar und Exponate aus der Kolonialzeit. Stolz des Museums ist eine Badewanne aus Marmor, in der einst Joséphine Bonaparte, die französische Kaiserin, während ihrer Jugendtage auf Martinique gebadet haben soll. Ferner sind die Kupferkessel zu sehen, in denen der Zuckerrohrsaft verarbeitet wurde.
Young Street • www.grenada museum.gd • Mo–Fr 9–16, Sa 10–13 Uhr • Eintritt 2,50 US-$

ESSEN UND TRINKEN

La Belle Creole
▶ S. 142, A 3

Gourmet-Küche im Garten • Kürbis-Ingwer-Suppe, Lammkeule mit Süßkartoffeln und als Dessert »Lime Meringue Pie«: Mit Ausblick auf die Grande Anse Bay liegt die Villa im repräsentativen westindischen Kolonialstil, in der beste internationale Küche mit kreolischem Akzent serviert wird.
Blue Horizons Garden Resort, Morne Rouge • Tel. 4 73/4 44 43 16 • www.grenadabluehorizons.com • tgl. 7.30–10, 19–21 Uhr • €€€
6 km südl. von St. George's

Die Muskatnuss ist Wahrzeichen und Hauptexportartikel der Insel Grenada (▶ S. 85) zugleich. Europäern ist zwar der Kern vertraut, selten aber die ganze Frucht.

Patrick's Local Homestyle Cooking Restaurant ▸ S. 89, südl. c 2
Überraschungsmenü • »Ginger pork« (Schweinefleisch mit Ingwer) oder »breadfruit fritters« (frittierte Brotfrucht): Erwarten Sie keine Speisekarte, denn was die Inhaberin Karen Hall auf der Veranda ihres entzückenden Restaurants am Hafen den Gästen kredenzt, wechselt fast täglich. Spezialität ist das 20-gängige »tasting menu«, ein kulinarischer Spaziergang über die Insel. Eine Reservierung ist ratsam!
Lagoon Road • Tel. 4 73/449-72 43 • www.patrickslocalgrenada.wix.com • tgl. 16–22 Uhr • €€

EINKAUFEN
Der in Grenada beliebteste Rum ist der hochprozentige River Antoine, dessen goldene Farbe durch mehrjährige Lagerung und die Zugabe von Gewürzen zustande kommt.
Nur auf Grenada erhältlich ist die aus dem Fruchtfleisch der Muskatnuss (»nutmeg«) gewonnene Marmelade. Typische Mitbringsel sind zudem Naturkosmetika (u. a. »Arawak Islands«) sowie Schmuck aus Gold oder Silber, mit Muscheln und tropischen Samen kombiniert.

STRÄNDE
Zu den schönsten Stränden gehört **Grand Anse Beach** mit seinem 3 km langen, weißen Strand und ruhigem, türkisfarben schimmerndem Meer (3 km südlich von St. George's). Mehrere Hotels haben sich entlang der weiten Bucht niedergelassen. Strandrestaurants sorgen für das leibliche Wohl. Südlich schließen sich die ebenfalls beliebten Strände von **Morne Rouge Bay** und **Petit Cabrits** an. Durch den nahe gelegenen Point Salines International Airport im Süden Grenadas muss jedoch mit Fluglärm gerechnet werden.

SERVICE
AUSKUNFT
Grenada Board of Tourism   ▸ S. 89, b 2
Burns Point • Tel. 4 73/4 40 20 01 • www.grenadagrenadines.com

Ausflüge
◉ Annandale Falls und Seven Sisters Waterfalls   ▸ S. 142, B 2
Grenada besitzt mehr als ein Dutzend Wasserfälle. Etwa 9 km nordöstlich von St. George's liegen westlich der Grenville Road nahe des Dorfes **Constantine** inmitten einer üppigen Vegetation die herrlichen **Annandale Falls**, die mit öffentlichen Bussen bequem erreichbar sind. Einheimische springen von den Felsen in das Wasser, andere baden oder veranstalten ein Picknick.
Für ihre Schönheit berühmt sind auch die **Seven Sisters**, deren Besuch sich zudem gut mit einer Tour durch den Nationalpark verbinden lässt. Ein etwa 1,6 km langer Wanderweg führt vorbei an Gewürzplantagen und Bananenstauden. Die Fälle ergießen sich in kleine Seen, die auch zu einem erfrischenden Bad genutzt werden können. Nicht weit davon, etwas versteckt befinden sich die **Honeymoon Falls**, ein bevorzugter Ort von Flitterwöchnern.
Annandale Falls, Grenville Road
ca. 9 km nordöstl. von St. George's

◉ Grand Étang   ▸ S. 142, B 2
Eine Tour entlang der River Road zu dem nur wenige Kilometer von der Hauptstadt entfernten Nationalpark

St. George's

führt in den Regenwald und zu einem von dichtem tropischen Grün und in hellem Blau leuchtenden Kratersee in 530 m Höhe. Während es auf den anderen Karibikinseln zwar Vulkane, jedoch keine Kraterseen gibt (mit Ausnahme von Dominica), hat Grenada gleich drei davon: Der 15 ha große Grand-Étang-Kratersee ist der größte, und zahlreiche geheimnisvolle Geschichten ranken sich um das Gewässer. Schmale Pfade führen durch die Umgebung. Immer wieder begegnet man Mona-Affen, einst aus Westafrika auf die Insel gebracht. Ein Welcome Center mit Pavillons am See bietet auch geologische und geografische Informationen über den Park.

Grenville Road • Besucherzentrum tgl. 8–16 Uhr • Eintritt 2 US-$
15 km nordöstl. von St. George's

◎ Gen Norden ▶ S. 142, A 2

Von Bucht zu Bucht windet sich die Küstenstraße in teils engen Kurven entlang der steil abfallenden Westküste bis ins 13 km entfernte **Concord**. Hier zweigt eine Straße ab nach Osten und führt, von Bananenstauden und Palmen gesäumt, zu den **Concord Falls** des Black River. Vom ersten Wasserfall wandert man durch Muskatnuss-Wälder am Fluss entlang zum zweiten Wasserfall. Inmitten dichter Vegetation ergießt sich das Wasser aus etwa 10 m Höhe in ein natürliches Bassin. Von Con-

Palmen, in denen der Wind spielt, und Sand, so weiß und fein wie Puderzucker:
Der Grand Anse Beach (▶ S. 88) verheißt paradiesische Ferientage.

cord geht es weiter entlang der Küste in den Fischerort **Gouyave**, dessen Bewohner heute hauptsächlich von der Kultivierung von Muskatnuss-bäumen leben. Ein Besuch führt zum **Dougaldston Estate**, einst die größte Gewürzplantage der Insel. Heute sind dort noch etwa ein Dutzend Männer und Frauen beschäftigt. Besucher führt man umher und zeigt ihnen die Verarbeitung von Muskatnüssen, Zimtstangen, Vanilleschoten und Kakaobohnen (Mo–Fr 9–16 Uhr, Eintritt 5 US-$).

GUADELOUPE ▶ Klappe hinten, d 2
Karte ▶ S. 140/141
»Karukéra«, die Insel der schönen Wasser, nannten die ersten Siedler das Eiland in Form eines Schmetterlings. »La Rivière Salée«, der Salzfluss, trennt die beiden Inselhälften, die geologisch höchst unterschiedlich sind – man glaubt, zwei ver-schiedene Inseln vor sich zu haben. Der Westteil **Basse-Terre** entspricht dem Postkartenbild einer tropischen Insel: Einsame Felsbuchten wechseln mit weiten Sandstränden ab, das Wasser schimmert in hellem Türkis und Ultramarin. Tropische Regenwälder, der Vulkan **La Soufrière** (1467 m) und Bananenplantagen bestimmen Basse-Terre. **Grande-Terre** hingegen schiebt sich als flache Kalksteinscheibe gen Nordosten, ein regenarmes und felsiges Gebiet, umgeben von Korallenriffen, mit den schönsten Stränden der Insel und vielen Hotels.

Südlich der Insel liegen die zum Département Guadeloupe gehörenden **Îles des Saintes**, acht Inselchen, nur zwei sind bewohnt. Von Pointe-à-Pitre gelangt man per Schnellboot in 30 Min. nach **Le Bourg**, Hauptort des Archipels auf der Insel **Terre-de-Haut**. Inselsprache ist Französisch, untereinander sprechen viele der Bewohner (80 % sind Nachfahren der einstigen afrikanischen Sklaven) einen kreolischen Dialekt. Mit den anderen **Französischen Antillen** (Martinique, Saint-Martin, Saint-Barthélemy) ist Guadeloupe **französisches Übersee-Département**. Die Bewohner besitzen einen französischen Pass, genießen Wahlrecht und haben den Euro als Zahlungsmittel.

Pointe-à-Pitre ▶ S. 140/141, C/D 3

100 000 Einwohner

Die »Hauptstadt« und das wirtschaftliche Zentrum Guadeloupes ist Pointe-à-Pitre, der Verwaltungssitz hingegen ist Basse-Terre. Pointe-à-Pitre liegt da, wo die beiden Inselhälften an der von Mangroven gesäumten **Rivière Salée** aneinanderstoßen. Das kulturelle Zentrum der Insel wirkt – auch im Vergleich zu Fort-de-France auf der Schwesterinsel Martinique – sympathisch provinziell und besitzt zwei sehenswerte Museen in prächtigen Häusern.

MUSEEN

Musée Saint-John Perse

Dem Dichter und Nobelpreisträger Alexis Saint-Léger (1887–1975) gewidmet, der seine Werke unter dem Pseudonym Saint-John Perse veröffentlichte und darin seine Kindheit auf Guadeloupe poetisch verarbeitete. Allein das Museumsgebäude, eines der prächtigsten kolonialen Herrenhäuser der Insel, umgeben von umlaufenden schmiedeeisernen Veranden und ausgestattet mit antiken Plantagenmöbeln, ist einen Besuch wert.

9, rue Nozières • Mo–Fr 9–17, Sa 8.30–12.30 Uhr • Eintritt 2,50 €

Musée Schoelcher

Im rosafarbenen kolonialen Palast, umgeben von hohen Königspalmen, lebte für kurze Zeit auch **Victor Schoelcher** (1804–1893). Der Sohn eines französischen Porzellanfabrikanten wurde bei einem Besuch in der Karibik tief ergriffen von der Sklaverei und widmete sein Leben fortan deren Abschaffung. Neben einer Dauerausstellung über Schoelcher sind auch Bilder heimischer Künstler und Porzellan von Marc Schoelcher, dem Vater von Victor Schoelcher, zu sehen.

24, rue Peynier • Mo–Fr 9–17 Uhr • Eintritt 2 €

SPAZIERGANG

Kreuzfahrtschiffe legen an der **Gare Maritime** und am **Centre Saint-John Perse** an der Ostseite des Hafens La Darse im Zentrum von Pointe-à-Pitre an. Von der **Place de la Victoire**, umgeben von Königspalmen und Flamboyant-Bäumen, schauen Sie auf den alten Hafen **La Darse**, Abfahrtsstelle der Boote nach Marie-Galante und Les Saintes. Nach einem Bummel über den Platz schlendert man über den kleinen, werktags stattfindenden Obst- und Gemüsemarkt **Marché de la Darse**, ein beliebtes Fotomotiv am Hafenbassin. Wenn man einen Einkauf tätigt, sind die Marktfrauen auch gern bereit, sich in Positur zu stellen. Auch Stoffpuppen in landestypischem Madras-Karo und riesengroße Körbe werden verkauft. Über die Rue Alexandre Isaac am nördlichen Ende des Platzes gelangt man zur Kirche **St-Pierre-et-St-Paul**, 1871 an der Stelle dreier durch Erdbeben zerstörten Vorgängerkirchen erbaut und mit Eisen verstärkt.

Am Südende der Place de la Victoire liegt das sehenswerte **Musée Saint-John Perse**. Ein Stück weiter kommt man zum eigentlichen Herz der Stadt, dem farbenprächtigen **Marché Central**. Ein Juwel kolonialer Architektur ist das gegenüberliegende **Musée Schoelcher**.
Dauer: 1 Stunde

ESSEN UND TRINKEN
Le Pirate Caribéen
Kreolische Spezialitäten • Am Hafen gelegenes offenes Gartenrestaurant im Piratendekor mit Veranda und viel Grün; empfehlenswert: Langusten und Fischsuppe.
1, quai de la Marina • Tel. 5 90/ 90 73 00 • tgl. 12–15, 19–23 Uhr • €€

EINKAUFEN
Marché Central
Schwere Eisenpfosten tragen ein mit roten Ziegeln gedecktes Dach.

Darunter haben die Marktfrauen ihre Stände aufgebaut. Ananas, Bananen, Mangos, Papayas und Muskatnüsse: die duftende Pracht der Karibik. Neben Hühnern und in Körbe geschichteten Langusten werden auch ganze Kräuterbündel verkauft, Heilkräuter gegen alltägliche Beschwerden. Die schwarzen »pacotilleuses« (Händlerinnen) sind in prachtvolle Baumwollkleider und weite Röcke mit den traditionellen Madras-Karos gewandet.
Place Saint-Antoine, Rue Frébault/ Ecke Rue Peynier

AM ABEND
Casino du Gosier
Hier locken Spieltische und Automaten, in kultivierter Atmosphäre.
Pointe de la Verdure, 43, Le Gosier • Tel. 5 90/84 79 68 • So–Do 10–3, Fr, Sa 10–4 Uhr
7 km südöstl. von Pointe-à-Pitre

Papayas, Mangos, Bananen: Bei solch einer farbenfroh gewandeten Marktfrau, einer »pacotilleuse«, macht das Einkaufen gleich noch mal so viel Freude.

SERVICE

AUSKUNFT

Comité du Tourisme des Îles de Guadeloupe

5, square de la Banque • Tel. 5 90/ 82 09 30 • www.lesilesdeguade loupe.com

Ausflüge

◎ Les Jardins de Valom- breuse 👫 🌿 ▸ S. 140, B 3/4

Die Ostseite von Basse-Terre wird erschlossen durch eine gut ausgebaute Küstenschnellstraße, die als N1 gen Süden verläuft. Westlich des Städtchens **Petit-Bourg** liegt der 14 ha große botanische Garten von Valombreuse (tgl. 8–18 Uhr, Eintritt 12 €), in dem nicht nur Hunderte verschiedene Pflanzenarten gedeihen, sondern auch eine Vielzahl von Vögeln nisten und zudem ein Gewürzgarten angelegt wurde.

Basse-Terre, Petit-Bourg • www. valombreuse.com

11 km südwestl. von Pointe-à-Pitre (N1)

◎ Parc National de la Guadeloupe und Vulkan La Soufrière 🌿 ▸ S. 140, B 4/5

Wunsch vieler Besucher ist es, den 1467 m hohen Vulkan La Soufrière (höchster Berg der Kleinen Antillen) zu besteigen. Dieser liegt in dem Nationalpark, der einen großen Teil von Basse-Terre einnimmt, und ist von der gleichnamigen Hafenstadt Basse-Terre aus (18 000 Einwohner) über die gut ausgebaute N1 zu erreichen, von dort aus windet sich eine Straße hinauf in die Berge und ins 6 km entfernte **St-Claude** und weiter nach **Matouba**. Vom 1142 m hohen, mit dem Auto über die »Maison du Volcan« zu erreichenden Aussichts-

punkt Savane à Mulets führt der Pfad »Chemin des Dames« in etwa 1 Std. durch Bananenplantagen und üppige Vegetation zum aktiven Südkrater hinauf. Wenn die schwefeligen Dämpfe zunehmen, geht es durch eine karge Mondlandschaft zum Krater. An klaren Tagen ist der Ausblick von oben einzigartig, doch oft ist der Gipfel wolkenverhangen. Reizvoll ist auch eine Wanderung zu den **Carbet-Wasserfällen**, ganz in der Nähe des Soufrière-Vulkans. In drei Stufen ergießt sich das Wasser die Felswände hinab. Wenn Sie eine entsprechende Vulkan-Tour buchen, achten Sie auf festes Schuhwerk! Beim Besuch von Wasserfällen sollte man am besten ein weiteres T-Shirt dabei haben.

Basse-Terre

55 km südwestl. von Pointe-à-Pitre

◎ Riviera ▸ S. 140/141, C/D 3

Die Route d'Argent (N4) führt von Pointe-à-Pitre entlang der sogenannten Riviera von Grande-Terre in östlicher Richtung zu den schönsten Stränden der Insel, gesäumt von Hotels, Wassersporteinrichtungen und Cafés. Unterwegs lohnt ein Besuch des **Aquarium de la Guadeloupe** (www.aquariumdelaguade loupe.com, tgl. 9–18.30 Uhr, Eintritt 11,50 €) nahe des Jachthafens von Bas-du-Fort.

Zentrum der Riviera ist **Le Gosier** (kreolisch: Pelikan) mit der vorgelagerten **Îlet du Gosier**. Weiter östlich gelangt man nach **Ste-Anne**, einem Fischerdorf, das heute Urlaubsziel der »metros« (Festlandsfranzosen) ist. Für deren kulinarisches Wohl sorgen Strandcafés.

Grande-Terre, Route d'Argent

7 km östl. von Pointe-à-Pitre

MARTINIQUE   ▶ Klappe hinten, d 3
Karte ▶ S. 143

»Madiana« (Blumeninsel) nannten die Arawak-Indianer ihre Insel, auf der ein gemäßigtes Tropenklima herrscht und alles üppig wächst. Martinique (80 km lang und 35 km breit) vereint französische Lebenskunst und kreolische, afrikanische Elemente – eine aufregende Mischung. Seitdem Martinique **französisches Übersee-Département** ist (1946), genießen die Bewohner die gleichen Bürgerrechte wie die Festlandsfranzosen. Der Lebensstandard ist hoch, die Wirtschaft abhängig von Frankreich. Trotz des fruchtbaren Bodens wird mehr als die Hälfte aller Nahrungsmittel aus Frankreich eingeführt.

Martinique ist französische Überseeregion, deshalb ist der Euro Zahlungsmittel, und EU-Bürger können mit dem Personalausweis einreisen.

Fort-de-France   ▶ S. 143, A 4
135 000 Einwohner
Stadtplan ▶ S. 95

Kreuzfahrtschiffe ankern am **Pointe Simon Cruise Dock** im Westen des Hafens von Fort-de-France südlich der Altstadt oder am **Quai des Tourelles** im Osten des Hafens. Vom Wasser aus bietet sich der schönste Blick auf den lang gezogenen, geschäftigen Hafen mit dem Fort St. Louis und den hinter der Stadt steil ansteigenden Pitons du Carbet.

Ein Drittel der Inselbevölkerung lebt in der größten Metropole der **Französischen Antillen**. Morgens duftet es nach frischen Baguettes, trifft man sich auf einen »café au lait« in den Straßencafés. Zeitungsjungen verkaufen »Le Monde« und die hiesige »France-Antilles«. Die Schaufenster der Patisserien sind verführerisch dekoriert. Doch die alten Kolonialhäuser tragen jene Spuren der Verwitterung, wie sie das tropische Klima mit sich bringt.

SEHENSWERTES
Musée de la Pagerie   ▶ S. 143, A 4

Auf der alten Plantage wurde 1763 Marie Josephe Rose de Tascher de la Pagerie geboren, von der Bevölkerung hoch verehrt, obwohl sie ihren Gatten Napoleon als Kaiserin Frankreichs (ab 1796) zur Wiedereinführung der Sklaverei auf Martinique bewegte. Im kleinen Museumsgebäude auf dem Gelände der in Ruinen liegenden Zuckerplantage sind Möbelstücke aus dem Besitz der Tochter eines Pflanzers ebenso wie Kopien von Briefen zu sehen. Ein Wirbelsturm hatte noch zu Lebzeiten Joséphines die Plantage ihres Vaters zerstört und ihm wirtschaftlichen Ruin beschert.

Trois Îlets, am südl. Ende der Bucht von Fort-de-France • Di–Fr 9–16.30, Sa, So 9–13 Uhr • Eintritt 5 €

MUSEEN
⭐ **Bibliothèque Schoelcher**
                         ▶ S. 95, c 1

Schon weithin sichtbar erhebt sich eines der ungewöhnlichsten Jugendstilgebäude der Stadt: Die farbenfrohe und mit ägyptischen Säulen verzierte Metallkonstruktion war der Pavillon der karibischen Kolonien auf der Pariser Weltausstellung 1887, erbaut von Pierre-Henry Picq. Danach wurde er zerlegt und nach Martinique verschifft. Die darin untergebrachte Bibliothek beherbergt Bücher aus der Sammlung von **Victor Schoelcher**, einem französischen Politiker und auf den Inseln

Fort-de-France

weithin bekannten Aktivisten gegen die Sklaverei, sowie zahlreiche seiner Schriften. Die Bibliothek wird auch für landeskundliche Ausstellungen genutzt.

21, rue de la Liberté • Mo 13–17.30, Di–Fr 8.30–17.30, Sa 8.30–12 Uhr • Eintritt frei

Musée Départemental d'Archéo-logie Précolombienne et de Préhistoire   ▶ S. 95, b 2

Das beste Museum der Stadt: In einem weißen Kolonialstilgebäude, das einst die französische Heeres-intendantur beherbergte, wird auf drei Etagen und anhand Tausen-der Exponate die Historie der Insel dokumentiert. Zu den wertvollsten Ausstellungsstücken gehören Origi-nalskulpturen der Kariben und Ara-wak, der Ureinwohner Martiniques und seiner Nachbarinseln, deren Geschichte bis zur Ankunft der eu-ropäischen Besiedlung hier doku-mentiert wird.

9, rue de la Liberté • Mo 13–17, Di–Fr 8–17, Sa 9–17 Uhr • Eintritt 4 €

SPAZIERGANG

Stadtplan ▶ S. 95

Die große **Place de la Savane** mar-kiert das südliche Ende der Altstadt und reicht an zwei Seiten an das Ha-fenbecken. Im Nordwesten des Plat-zes bauen jeden Morgen Händlerin-nen ihre Stände auf und verkaufen einheimisches Kunsthandwerk. Ein **Denkmal** erinnert an die 1763 auf einer Plantage in Martinique gebo-rene Gemahlin von Napoleon Bona-parte und Kaiserin Joséphine. Ent-lang der Rue de la Liberté gelangen Sie westlich zunächst zum **Archäo-logischen Museum**, dann zur **Bib-liothèque Schoelcher** ⭐. Bum-meln Sie durch die zahlreichen kleinen Nebenstraßen, die von der Straße abgehen, und entdecken ei-nige der alten, noch vorhandenen Kolonialgebäude, in denen Cafés und Restaurants, Buchhandlungen ebenso wie das Postamt unterge-bracht sind. Über die **Rue Victor Hugo**, Hauptgeschäftsstraße von Fort-de-France, gelangen Sie von der Place westlich zum **Canal Rivière**

Madame, Domizil der Fischverkäufer und Gewürzhändler. In den Vormittagsstunden lohnt auf dem Weg auch ein Besuch des zentralen Gemüsemarktes in der **Rue Isambert**. Händlerinnen in Madras-Kostümen bieten neben Früchten auch Duftharze und Gewürze zum Kauf an. Den Rundgang beschließt man in einem der hübschen Cafés auf der Place de la Savane.
Dauer: 2 Stunden

⭐ MERIAN Tipp

UNTER DEM VULKAN

Infolge der Gluthitze geschmolzene Becher, eine im Moment der Katastrophe stehen gebliebene Uhr: Das kleine Museum zeigt Alltagsgegenstände vom Tag des Vulkanausbruchs, dem 8. Mai 1902, als eine gewaltige Druckwelle auf St-Pierre zuraste und den Ort in wenigen Sekunden dem Erdboden gleichmachte. Eine Fotodokumentation vom Ausbruch des Mont Pelée, bei dem 30 000 Menschen den Tod fanden, ergänzt die Sammlung.
Musée Volcanologique Franck Perret • Rue Victor Hugo, St-Pierre • tgl. 9–17 Uhr • Eintritt 3 €
30 km nördl. von Fort-de-France an der Westküste (N2)

ESSEN UND TRINKEN

La Belle Époque ▶ S. 95, nördl. b 1
Haute Cuisine • Französische Kochkunst mit tropischen Zutaten in einer mit Antiquitäten ausgestatteten Villa hoch über der Stadt. Eine der besten Adressen von Fort-de-France; eine gute Wahl sind die Drei-Gänge-Menüs.

97, route de Didier • Tel. 5 96/64 41 19 • Mo–Sa 12–15, 18–24 Uhr • €€€

Chez Carole 🍴🍸 ▶ S. 95, a 1
Echt kreolisch • Hühnchen in Kokosmilch, »acras« (frittierte Fisch- oder Gemüsekrapfen) oder »feroce« (Avocado gefüllt mit Stockfisch und Gewürzen) werden in der quirligen Umgebung des Marktes aufgetischt. Und köstliche Mixgetränke (auch mit Rum) und Kokosmilch mit Früchten.
Marché Principal, Rue Isambert • Tel. 5 96/44 12 31 • Mo–Sa 11–22 Uhr • €

EINKAUFEN

In der Rue Victor Hugo gibt es zahlreiche Boutiquen und einen Ableger des französischen Edelkaufhauses Galeries Lafayette. Zu den Rumsorten Martiniques gehören Clément Vieux (Simon Destillerie), Depaz und Saint James (Ambre Rhum).

STRÄNDE

Die schönsten Strände befinden sich südlich der Hauptstadt; beliebt sind die westlich von Trois-Îlets liegenden **Anse Mitan** und **Anse-à-l'Âne** sowie, ganz im Süden der Insel gelegen, die **Grande Anse des Salines**.

SERVICE
AUSKUNFT
Office du Tourisme ▶ S. 95, a/b 2
76, rue Lazare Carnot • Tel. 5 96/60 27 73 • www.tourismefdf.com

Ausflüge
◎ L'Habitation Latouche 🌿
▶ S. 143, A 7
Auf der ältesten Plantage (1643) der Insel wurden Tabak, Kakao und Zucker angebaut. Beim Vulkanaus-

Dieser Jugendstilbau stand 1887 noch auf der Pariser Weltausstellung, heute beherbergt er die Bibliothèque Schoelcher (▶ MERIAN TopTen, S. 94) in Fort-de-France.

bruch 1902 zerstört, überwucherte die tropische Vegetation die 10 ha große Plantage. Heute beherbergt sie einen tropischen Garten und einen Zoo. Zwischen Palmen, Agaven, umherschwirrenden Kolibris und Schmetterlingen erkennt man Ruinen des einstigen Plantagenhauses. Le Carbet, Anse Latouche • www. zoodemartinique.com • tgl. 9– 18 Uhr • Eintritt 15,50 € 22 km nördl. von Fort-de-France

◎ Centre d'Interpretation Paul Gauguin ▶ S. 143, A 2
1887 verbrachte der französische Maler Paul Gauguin mit seinem Freund Charles Laval die Sommermonate in der Nähe von Carbet. Das in einem kleinen modernen Bauwerk untergebrachte Museum zeigt Kopien der Gemälde, die Gauguin auf Martinique malte (u. a. »Zwei Frauen von Martinique« und »Die

Bucht von St-Pierre«), sowie Briefe, die Gauguin an seine Frau Mette-Sophie nach Dänemark schrieb. Le Carbet, Anse Turin • tgl. 9– 17.30 Uhr • Eintritt 5 € 18 km nördl. von Fort-de-France

◎ St-Pierre ▶ S. 143, A 2
6000 Einwohner
Das »Paris der Antillen« nannte man die einstige Hauptstadt St-Pierre, die durch eine Naturkatastrophe vollständig ausgelöscht wurde. Als am 8. Mai 1902 der 1397 m hohe Vulkan Mont Pelée ausbrach, begrub er innerhalb weniger Sekunden die blühende Kolonialstadt unter seinen Lavamassen. Alle 30 000 Einwohner fanden den Tod, einzig der im Gefängnis einsitzende Cyparus konnte dank dicker Zellmauern überleben und wurde Zeuge der Tragödie. Das heutige St-Pierre ist eine eher unbedeutende Siedlung, in

»Kommen und Gehen« nannte Paul Gauguin (▶ S. 97) dieses Gemälde, zu dem ihn 1887 ein Aufenthalt in der Nähe von Le Carbet auf Martinique inspirierte.

der nur noch die Freitreppe des einstigen Theaters und einige Gebäudereste an glanzvolle Zeiten erinnern. 20 km nördl. von Fort-de-France (N2)

NEVIS
▶ Klappe hinten, c 2
Karte ▶ S. 146

Über der Insel thront der fast 1000 m hohe Vulkankegel des erloschenen **Nevis Peak**, leider meist in Wolken. Christoph Kolumbus erinnerte diese Idylle während seiner zweiten Entdeckungsfahrt 1493 an schneebedeckte Berge, und er taufte die Insel auf den Namen »Nuestra Señora de las Nieves« (Unsere Herrin des Schnees). Zuckerrohr, das von afrikanischen Sklaven auf Plantagen bearbeitet wurde, trug zum Wohlstand der britischen Siedler bei. Nevis' Wirtschaft blühte und begründete den Ruf der Insel als »Queen of the Caribbean«. Erst die Abschaffung der Sklaverei förderte die Entstehung ausgedehnter Kokosnusshaine, da deren Unterhaltung weniger arbeitsintensiv war als die der Zuckerrohrfelder. Eine Flotte verband die kleine Insel mit Großbritannien und gewährleistete einen ständigen Austausch von Gütern.

Das knapp 93 km² große Eiland (14 000 Einwohner), von der Hauptinsel **St. Kitts** nur 3 km entfernt, besitzt üppige Regenwälder und herrliche Sandstrände.

Charlestown
▶ S. 146, B 5
1900 Einwohner

Die verschlafen wirkende, 1660 gegründete Inselhauptstadt liegt an der Südwestküste. Bislang können im **Charleston Port**, im Zentrum der Hauptstadt, nur kleinere Schiffe anlegen – und so soll es nach den Plänen der Verantwortlichen auch bleiben. Man ist stolz darauf, dass sich auf Nevis ein kleiner, feiner Individualtourismus etabliert hat. Die Insel besitzt zahlreiche Plantagenhäuser, die zu extravaganten Hotels umgestaltet wurden. Kreuzfahrtschiffe ankern meist vor dem Hafen oder an der Küste vor **Pinney's Beach**, ein paar Kilometer nördlich der Hauptstadt, einem der schönsten Strände der Insel, und werden von dort zum zentralen Pier von Charlestown getendert.

MUSEEN

Museum of Nevis History

Das kleine zweigeschossige Bauwerk aus dunklem Lavastein, in dem 1757 Alexander Hamilton geboren wurde, liegt am Meer und beherbergt heute ein Museum mit Erinnerungsstücken an die Gründungsväter der US-amerikanischen Verfassung.
Low Street • Tel. 8 69/4 69-57 86 • Mo–Fr 9–16, Sa 9–12 Uhr • Eintritt 5 US-$

Horatio Nelson Museum

Saddle Hill und Hurricane Hill, zwei kleinere Berge, dienten Admiral Horatio Nelson Mitte des 18. Jh. als Beobachtungsposten auf Nevis. Auf der Insel lernte er die verwitwete Frances Nisbet, Erbin der gleichnamigen Plantage, kennen und heiratete sie. Mit Erstausgaben von Nelson-Biografien, Gemälden, Glas und Porzellan aus dem persönlichen Besitz des Admirals gedenkt man des britischen Seehelden. Ebenfalls zu sehen sind Exponate zur präkolumbischen Kultur auf Nevis.
Belle Vue • Mo–Fr 9–16, Sa 9–12 Uhr • Eintritt 5 US-$

SPAZIERGANG

Ein Bummel durch den Ort führt zu Häusern mit vielfältigen »Gin-gerbread«-Schnitzereien (Zuckerbäckerstil). Am Samstag herrscht Hochbetrieb, da die gesamte Inselbevölkerung zum hiesigen Markt anzureisen scheint. Spazieren Sie die **Main Street** entlang, an deren westlichem Ende das Geburtshaus von **Alexander Hamilton** steht, heute ein Museum. Vorbei an zahlreichen kleinen Geschäften geht es wieder zurück entlang der Main Street und in die Prince William Street nach links, bis Sie zum **Jew's Burial Ground** gelangen, den Überbleibseln eines kleinen jüdischen Friedhofs, dessen Gräber aus dem 17. und 18. Jh. stammen, einer Epoche, während der auf Nevis aus Brasilien geflüchtete Juden eine Gemeinde bildeten. Weiter entlang der Main Street geht es, vorbei am **Grove Park Cricket Ground**, einem öffentlichen Platz, auf dem die Jugendlichen sich nach der Schule zum Spielen verabreden.
Dauer: 1 Stunde

⭐ MERIAN Tipp

MONTPELIER PLANTATION

Hier heiratete Lord Nelson 1787 seine Frances »Fanny« Nisbet. Das aus dem dunklen Vulkanstein der Insel erbaute ehemalige Plantagenhaus in einem tropischen Garten ist heute ein Hotel mit Terrassenrestaurant und zeigt den feinen Lebensstil der Zuckerpflanzer. Viele Freizeitaktivitäten wie Golf, Tennis, Reiten, Tauchen, Kajak; Privatstrand.
Montpelier Plantation Hotel • Tel. 8 69/4 69-34 62 • www.montpelier nevis.com • €€€€
6 km südöstl. von Charlestown

ESSEN UND TRINKEN
Unella's by the Sea

Unübertroffene Aussicht • Einfach, rustikal, karibisch-herzlich: vom herzhaften englischen Frühstück zum frischen »lobster« (Languste) und köstlichen Süßspeisen (Mango-Sorbets, Rumkuchen). Bei Unella treffen sich Hausfrauen, Weltenbummler und Prominente inkognito auf der Veranda im ersten Stock und mit Blick über das Meer. Charlestown Waterfront • Tel. 8 69/ 4 69-55 74 • tgl. 9–22 Uhr • €€

EINKAUFEN
Nevis ist kein Einkaufsparadies. Die Geschäfte konzentrieren sich auf die Main Street. Die Nevis Handicraft Co-op Society lockt mit einer Auswahl origineller Souvenirs von einheimischen Künstlern.

STRÄNDE
Pinney's Beach (nördlich von Charlestown), ein über 6 km langer Strand mit goldgelbem Sand, Palmen und dem nebelverhangenen Vulkan am Horizont, verführt zum Bleiben. Einige Plantagenhäuser unterhalten private Strand-Cabañas für ihre Gäste und betreiben Beach Bars. Hochpreisig und edel sind die vom Four Seasons Hotel betriebenen Restaurants, Cafés und Wassersporteinrichtungen. Die Sunshines Beach Bar & Grill hatte mehrmals Robert Plant, den Leadsänger von Led Zeppelin, zu Gast. Seine Fotos schmücken daher die Wände.

SERVICE
AUSKUNFT
Nevis Tourism Authority
Main Street • Tel. 8 69/4 69-75 50 • www.nevisisland.com

Ausflüge
◎ Four Seasons Golf Course
▶ S. 146, B/C 5

Der von Robert Trent Jones Jr. 1991 designte Kurs (18-Loch, Par 72) fordert auch erfahrene Golfer und überzeugt zudem als botanisches Paradies. Fantastische Ausblicke auf das Meer und die Nachbarinsel St. Kitts vom Green, dazu Ruinen historischer Zuckermühlen.
Four Seasons Hotel, Pinney's Beach • www.fourseasons.com/ nevis/golf • Greenfee 120 US-$ (9-Loch) bzw. 200 US-$ (18-Loch) 3 km nördl. von Charlestown

◎ Nevis Peak
▶ S. 146, C 5

Das Wahrzeichen von Nevis, ein 995 m hoher, erloschener Vulkan im geografischen Zentrum der Insel, wird flankiert von den beiden Bergen **Saddle Hill** und **Hurricane Hill**. Mehrere Veranstalter bieten begleitete Hiking-Touren, die durch die unterschiedlichen Vegetationszonen der Insel führen. Der sogenannte Upper Round Road Trail ist ein über 14 km langer historischer Weg, der einst die Plantagen miteinander verband, heute von der Nevis Historical and Conservation Society unterhalten wird und zwischen dem Golden Rock Estate Hotel südöstlich des Vulkans und dem Nisbet Plantation Beach Club an der Nordostküste verläuft. Es ist auch möglich, den Trail auf einem von drei Teilstücken zu wandern.
6 km östl. von Charlestown

◎ Plantagenhäuser
▶ S. 146, C 5

Eine Attraktion von Nevis sind die zahlreichen historischen Plantagenhäuser, die heute Hotels und Restaurants beherbergen und auch

Besuchern offen stehen. **Montpelier Plantation** (▸ MERIAN Tipp, S. 99), einst das Zuhause von »Fanny« Nisbet und erbaut aus dunklem Lavagestein, gehörte im 17. Jh. zu den größten Zuckerplantagen. Ein tropischer Garten umgibt das Anwesen, heute ein stilvolles Hotel. Zur Plantage gehört auch ein botanischer Garten (www.botanical gardennevis.com, Mo–Sa 9–16 Uhr, Eintritt 13 US-$), von US-amerikanischen Gartenenthusiasten angelegt. Highlight ist u.a. ein Regenwald-Konservatorium, das diverse karibische Ökosysteme besitzt und in dem man Bromelien, Rosen und Orchideen bewundern kann. Nach einem Besuch der Gärten sollte man sich eine Erfrischung im eleganten Restaurant des Herrenhauses von Montpelier gönnen.

Auf der ehemaligen Plantage **Hermitage** (St. John Parish, Tel. 8 69/ 4 69-34 77, www.hermitagenevis. com) erwarben die Besitzer kleine, vom Verfall bedrohte Holzhäuschen mit zwei bis drei Zimmern, die restauriert wurden und – neben historischen, aus dem 17. Jh. stammenden Plantagenbauwerken – heute den Gästen als Unterkunft dienen. Das Haupthaus ist ein um 1700 aus tropischem Hartholz erbautes »Manor House«, das vermutlich älteste Holzhaus der Kleinen Antillen. 5 km südöstl. von Charlestown

SAINT-BARTHÉLEMY

▸ Klappe hinten, c 2

Karte ▸ S. 145

Saint-Barthélemy, meist nur St. Barth oder St. Barts genannt, ist eine international bekannte, von Prominenten favorisierte Insel, die hier Villen unterhalten und während der Wintermonate ihren Urlaub auf der Insel verbringen. Mit

Blaue Oase vor tropischer Kulisse: Im luxuriösen Montpelier Plantation Hotel (▸ MERIAN Tipp, S. 99) kann der Gast auf den Spuren von Lord Nelson wandeln.

ihrem europäischen Gepräge unterscheidet sich St. Barts deutlich von allen anderen Karibikinseln. Das Ambiente ist lässig französisch-karibisch, die durchwegs weiße Bevölkerung – Nachkommen von Franzosen aus der Normandie und der Bretagne, die sich in der zweiten Hälfte des 17. Jh. hier niederließen – spricht französisch, man trifft sich in schicken, europäisch anmutenden Cafés und Restaurants und in den Hermès- und Gucci-Boutiquen der Hauptstadt Gustavia.

Die nur 21 km² große Insel ist schnell umrundet: Das bergige St. Barts misst an der längsten Stelle kaum 10 km und an der breitesten Stelle 4 km. Massentourismus ist schon wegen der Größe und der Topografie der Insel, auf der nur kleine Propellermaschinen landen können, nicht möglich.

Christoph Kolumbus entdeckte die Insel 1493 und taufte sie auf den Namen seines Bruders Bartolomeo. Da St. Barts aufgrund der Klima- und Bodenverhältnisse für den Zuckerrohranbau ungeeignet erschien, gab es auf dem Eiland auch nie Sklaven. Nachdem die Insel 1785 als Geschenk von Ludwig XVI. an den schwedischen König Gustav III. wechselte, ließen sich hier bald neu ins Land strömende Schweden nieder, und zu Ehren des schwedischen Regenten wurde die Hauptstadt Gustavia genannt. Aber hundert Jahre später wechselte Saint-Barthélemy wieder zurück nach Frankreich. Die Insel ist **französische Überseeregion** und gehört zum Département Guadeloupe, sie zählt damit zu den Hoheitsgebieten der Europäischen Union. Zahlungsmittel ist der Euro.

Gustavia   ▶ S. 145, A 2/3

3000 Einwohner

Die Hauptstadt liegt an der Westküste an einer tief ins Land reichenden Bucht, dem schönsten Ankerplatz der Insel. Einem Amphitheater gleich wurden die Häuser oberhalb des Hafens errichtet und ziehen sich die grünen Hügel hinauf. Nach dem großen Brand von 1919 rekonstruiert, muten die Holzhäuser zum Teil skandinavisch an.

Kreuzfahrtschiffe legen vor Gustavia an und bringen die Passagiere mit Booten auf die Insel.

SEHENSWERTES

Fort Gustave

Auf einem kleinen Hügel nördlich des Hafens erheben sich die Ruinen des schwedischen Forts Gustave. Die Mauerreste erstrecken sich um den Leuchtturm der Stadt. Schöner Blick über Stadt und Hafen.

Frei zugänglich

MUSEEN

Musée Municipal

Das historische Wall House am nordwestlichen Hafeneingang, ein lang gestrecktes Gebäude, erbaut aus dunklem Stein und mit weißen Klappfenstern und -türen versehen, dokumentiert mit seinen Schwarz-Weiß-Fotos, wie sehr sich die Insel im Laufe der Jahrzehnte von einem abgelegenen Eiland zur luxuriösen Jetset-Destination verändert hat. Aus dem Dorf Corossol stammen die aus getrockneten Blättern geflochtenen Hüte, Taschen und Körbe, die man überall in den Läden kaufen kann.

Wall House, Rue Duquesne, La Pointe • Mo, Di, Do, Fr 9–13, 15–18, Mi 9–13, Sa 8.30–13 Uhr • Eintritt 3 €

Gustavia (▸ S. 102) liegt an einer malerischen Bucht mit üppig grünen Hängen, an die sich der Hauptort der Insel Saint-Barthélemy schmiegt.

SPAZIERGANG

Die Tenderboote bringen Passagiere zum Dock an der Ostseite des Hafens an der **Rue de la République**, in der Nähe der Touristeninformation. Man spaziert am Hafen entlang in die anschließende **Rue du Bord de Mer** und um das Hafenende herum. An der Westseite gelangt man in die **Rue Jeanne d'Arc** und zum am westlichen Hafeneingang gelegenen **Musée Municipal**.
Dauer: 1 Stunde

ESSEN UND TRINKEN

Le Gaïac

Elegant und mit Meerblick • Ravioli mit roter Chilischote und Ziegenkäse, in Limette marinierter Thunfisch und Hummer, angerichtet über frisch zubereiteter Pasta: Französische und karibische Küche im Le Toiny, dem schönsten Hotel der Insel, ist nicht nur ein kulinarisches Erlebnis. Serviert wird in einem offenen Pavillon beim Pool mit Blick auf das tief unter Ihnen liegende Meer.
Anse de Toiny • Tel. 05 90 27 88 88 • www.letoiny.com • Mo–So 12–14.30, 19–22 Uhr • €€€

Le Select

Jimmy Buffetts Paradies • Äußerlich eher unscheinbar und das Essen (Salate, Sandwiches) obendrein einfallslos: Das Café-Restaurant ist dennoch seit rund 50 Jahren der Insider-Treffpunkt und wird von prominenten Stammgästen wie Julia Roberts besucht. Es inspirierte den US-Sänger Jimmy Buffett zu seinem Song »Cheeseburger in Paradise«. Abends wird Livemusik gespielt, dann wird das Restaurant zur großen Bar, und bis nach Mitternacht herrscht ausgelassene Stimmung.
Rue de la France • Tel. 05 90 27 86 87 • €€

EINKAUFEN

Von Hermès zu Roberto Cavalli und kleinen französischen In-Marken: In den Boutiquen entlang dem Quai de la République ist das Einkaufen ein Vergnügen, da hier auf Klasse statt Masse gesetzt wird und die teuren Sachen zollfrei sind.

📷 FotoTipp

LANDUNG IN ST. BARTH

Fährt man von Gustavia auf der D 209 zur Baie de St-Jean, dann kann man am Verkehrskreisel kurz vor dem Flugplatz die Landung der kleinen (max. 20 Passagiere) Propellerflugzeuge miterleben. Sie fliegen dicht über einen Hügel und 3 m über der Straße und dann im steilen Sinkflug zur 650 m langen Flugpiste, die am Wasser endet. ▸ S. 102

STRÄNDE

Die 14 Strände sind alle öffentlich und nie überfüllt. Oben ohne ist an allen Stränden üblich, ansonsten sind die neuesten und knappsten Bademoden angesagt. FKK ist zwar untersagt, wird jedoch in den eher abgelegenen Badebuchten **Gouverneur** im Süden der Insel und dem östlich anschließenden **Saline** praktiziert. Einen beliebten Strand gibt es an der **Baie de St-Jean**; diese traumhafte Bucht besitzt genau die richtige Mischung aus Abgeschiedenheit und Luxus, die viele Gäste schätzen.

SERVICE
AUSKUNFT
Office Municipal du Tourisme
Quai du Général de Gaulle • Tel. 05 90 27 87 27 • www.st-barths.com

Ausflüge
◎ Corossol 👫   ▸ S. 145, A 2

Von Gustavia führt die Straße in stetigem Wechsel bergauf und wieder bergab. In dem einstigen Fischerdorf Corossol an der Nordküste, nur aus ein paar Straßen bestehend, wird von einigen Familien das traditionelle Flechthandwerk ausgeübt. Hüte und Taschen werden aus hellen Latanblättern geflochten, die in den umliegenden Palmenhainen geerntet und zum Trocknen aufgehängt werden. Für Muschelliebhaber lohnt sich ein Besuch im Inter Oceans Museum (Di–Sa 9–12.30, 14–17 Uhr, Eintritt 3 €) mit 9000 Muscheln.
3 km nordwestl. von Gustavia

SINT MAARTEN/ SAINT-MARTIN ▸ Klappe hinten, c 1
Karte ▸ S. 145

Salzinsel, nämlich »souliga«, tauften die Indianer die nur 87 km² große Insel wegen ihrer vielen Salzlagunen. Kolumbus nannte sie nach einem Heiligen, da sein Schiff hier am Sankt-Martins-Tag ankerte. Seit Jahrhunderten teilen sich Holländer (Sint Maarten) und Franzosen (Saint-Martin) das Eiland. Der französische Teil (53 km²) ist größer als der holländische (34 km²).
In Sint Maarten (38 000 Einwohner, Saint-Martin: 36 000 Einwohner) locken herrliche Sandstrände und Palmen, dazu eine Prise holländischer Vergangenheit. Sint Maarten ist Top-Ziel für Kreuzfahrtschiffe. Nahezu alle Linien laufen die Insel an, sodass die Zahl der jährlichen Kreuzfahrtpassagiere bei ca. 2 Mio. liegt. Heute gehört Sint Maarten zu den am dichtesten bebauten Inseln der Antillen. Nachdem in jeder Bucht Hotelanlagen errichtet und

die Natur immer mehr zurückgedrängt wurde, entschied man sich 1997 mithilfe des World Wildlife Fund zur Gründung von Naturparks.

Philipsburg ▸ S. 145, C 3

12 000 Einwohner

Die 1763 gegründete Hauptstadt des niederländischen Teils der Insel liegt auf einer 1,5 km langen Landzunge, die den Great Salt Pond von der Groot Baai (Great Bay) trennt. Durch die Einrichtung eines Freihafens erlebte die Stadt einen enormen wirtschaftlichen Aufschwung. Die alteingesessene Bevölkerung setzt sich zusammen aus den Nachfahren holländischer und französischer Siedler und deren afrikanischen Sklaven.

Kreuzfahrtschiffe, die die Insel anlaufen, ankern gewöhnlich in Philipsburg auf der holländischen Seite, nämlich am modernen **A. C. Wathey Pier**, etwa 1,5 km südöstlich der Stadt. Von dort verkehren Wassertaxis (5 US-$) zum **Captain Hodge Pier** der Innenstadt.

SEHENSWERTES

Court House

Das 1793 aus Naturstein und Holz errichtete niederländische Gerichtsgebäude hat schon zahlreichen Hurrikanen getrotzt. Es vereint europäischen und karibischen Stil und beherbergt unter seinem Dach hauptsächlich Verwaltungsbüros.
Wathey Square

Fort Amsterdam

Die aus dem Jahr 1631 stammende Befestigungsanlage lohnt wegen der fantastischen Sicht auf die Great Bay einen Besuch; außer einigen Ruinen gibt es jedoch nichts zu sehen.
Front Street, südwestl. der Stadt • Eintritt frei

Philipsburg (▸ S. 105), die auf einer Landzunge liegende Hauptstadt des niederländischen Teils Sint Maarten, wird von Meer und bewaldeten Berghängen eingerahmt.

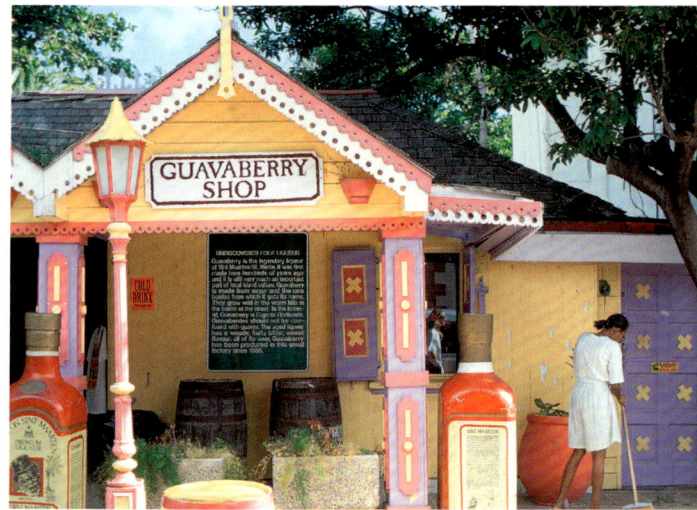

Im Guavaberry Emporium Shop in Philipsburg (▶ S. 107) wird der nur auf Sint Maarten hergestellte, herb-süße Guavaberry Island Folk Liqueur verkauft.

MUSEUM
Sint Maarten Museum
Zu sehen sind Ausstellungen zur Geschichte und Geologie von Sint Maarten.
7 Front Street • Tel. 05/42 49 17 • www.museumsintmaarten.org • Mo–Fr 10–16 Uhr • Eintritt 1 US-$

SPAZIERGANG
Die Stadt erstreckt sich mit vier Straßen und kleinen Verbindungsgassen auf einer 1 km langen Landbrücke, die den inlands liegenden Great Salt Pond und die Great Bay des Karibischen Meeres trennt. Hauptplatz ist der im Zentrum oberhalb des Ankunftspiers gelegene **Wathey Square**. An dessen Westseite steht das ehemalige **Court House**, ein Gerichtsgebäude aus dem 18. Jh. Südlich zum Meer hin verläuft die lebhafte Voorstraat (**Front Street**) mit zahlreichen Boutiquen, Cafés und Restaurants und dem kleinen Inselmuseum. Ruhiger ist es auf der zum Salzsee gelegenen Achterstraat (**Back Street**).
Dauer: 1 Stunde

ESSEN UND TRINKEN
L'Escargot
Edith Piaf und Knoblauch • Das auffällig mit Schnecken bemalte kreolische Holzhaus gilt seit über drei Jahrzehnten als bestes Restaurant der Stadt. Auf den Tisch kommt provenzalische Sterneküche mit karibischen Elementen und mit französischen Chansons untermalt. Köstlich sind die »fettuccine au pistou«, die mit Tomaten, Artischocken und Weißwein angerichtet sind, gefolgt z. B. von Ente in Ananas- und Bananensauce.
96 Front Street • Tel. 05/42 24 83 • www.lescargotrestaurant.com • tgl. 18–23 Uhr • €€€

Antoine by the Sea

Meerblick mit Lobster • Karibisch-leicht schmecken die Salate, Sand-wiches und Suppen. In der Beach Bar werden Cocktails und frisch ge-presste Obstsäfte serviert. Abends locken im stilvoll gedeckten Res-taurant auch französische Menüs und »Lobster Thermidor«. Herrliche Ausblicke von der Veranda.
119 Front Street • Tel. 05/42 29 64 • www.antoinerestaurant.com • tgl. 11–22 Uhr • €€

EINKAUFEN

Philipsburg ist ein zollfreies Ein-kaufsparadies; Shoppingmeile ist die Front Street. Hier und in den angrenzenden Straßen reihen sich die Geschäfte nahtlos aneinander: Ralph Lauren, Calvin Klein & Co. und alles, was aktuell ist.

Guavaberry Emporium Shop

Ein karibisches Holzhaus beherbergt das Stammhaus des Unternehmens (www.guavaberry.com). Der auf Sint Maarten hergestellte Guavaberry Island Folk Liqueur ist von herb-süßem Geschmack. Daneben wer-den zahlreiche Rumsorten, Liköre und feurig-scharfe Saucen verkauft.
8–10 Front Street

AM ABEND

In Sint Maarten lockt das Glücks-spiel in einem Dutzend Casinos. Größtes ist das zum Sonesta Maho Beach Hotel gehörende Casino Roy-ale (1 Rhine Road, Tel. 05/45 21 15, www.sonesta.com/mahobeach) mit mehr als 400 »slot machines«.

STRÄNDE

Zu den schönsten Stränden gehört die **Baie Orientale** (an der Nord-ostküste von Saint-Martin): türkis-farbenes Wasser, weißer Sand, ein paar vor der Brandung ankernde Jachten, dazu eine Bar und ein be-liebtes Restaurant.

Attraktionen ganz anderer Art bie-tet die **Simsonbaai** (nordwestlich von Philipsburg), die in der Einflug-schneise des Internationalen Flug-hafens gelegen ist. Zur Freude der vielen Besucher sind die Ankunfts-zeiten der Jets auf einem Surfboard an der Strandbar vermerkt, sodass man seinen Drink nehmen kann, während über den Köpfen die Jets zum Landeanflug ansetzen.

SERVICE

AUSKUNFT

Sint Maarten Tourist Office
Vineyard Office Park, 23 W.G. Bun-camper Road • Tel. 05/45 23 37

Informationskiosk am Captain Hodge Pier

Marigot   ▶ S. 145, B 2

5700 Einwohner
Die Hauptstadt des französischen Inselteils bietet einen reizvollen Mix aus französischer und karibischer Lebensart. Im Hafen liegen Jachten und Segelboote, in den Cafés trifft man sich auf einen »café au lait«, da-rüber erhebt sich die Ruine von Fort St-Louis. Der steile, etwas anstren-gende Aufstieg wird mit einem gran-diosen Ausblick belohnt.

Ausflüge

◎ **Anguilla**   ▶ S. 145, nördl. B 1

Lediglich 20 Min. dauert die Über-fahrt von Marigot im französischen Teil der Insel zum Hafen Blowing Point an der Südküste von Anguilla. Die nur 91 km² große Insel besitzt traumhaft schöne Sandstrände und gilt – ebenso wie das benachbarte Saint-Barthélemy – als Prom-Insel. Anguilla besitzt etwa zwei Dutzend Luxushotels. Das schönste ist sicherlich das im maurischen Stil erbaute Cap Juluca am halbmondförmigen Puderzuckerstrand von Maunday's Bay, etwa 6 km westlich des Hafens (www.capjuluca.com). Es besteht aus einzelnen großzügig und minimalistisch zugleich dekorierten Gästevillen. Ein Lunch in einem der offenen Restaurants von Cap Juluca ist ein unvergessliches Erlebnis.

Postkartenreife Strandidylle verspricht auch die Shoal Bay, die westlich an Maunday's Bay anschließt. Dort gibt es mehrere Restaurants und Strandbars.

Fähre von Marigot Waterfront 8.10– 19 Uhr alle 45 Min., Überfahrt 25 Min. • 20 US-$ einfach plus Departure Tax (5 US-$), Rückfahrt 23 US-$

ca. 5 km nördl. von Philipsburg

ST. KITTS   ▶ Klappe hinten, c 1/2

Karte ▶ S. 146

Bereits 1623 gingen auf der 37 km langen und bis zu 11 km breiten Insel St. Christopher, namentlich später zu St. Kitts verkürzt, Siedler an Land: Die Insel wurde zur ersten englischen Kolonie in der Karibik. Drei Jahre später teilten sich Franzosen und Briten das Eiland, anfangs friedlich, in den folgenden anderthalb Jahrhunderten kam es mehrfach zu kriegerischen Handlungen. Erst im Vertrag von Versailles (1783) wurde St. Kitts Großbritannien zugesprochen. Seit 1983 ist die Insel unabhängig. Die Bevölkerung besteht hauptsächlich aus Nachkommen ehemaliger afrikanischer Sklaven. Die Schönheit der Insel machen neben kolonialen Bauwerken auch Regenwälder, tropischer Nebelwald und drei Vulkane aus. Im nördlichen Inselzentrum thront der oft wolkenverhangene Vulkan **Mount Liamuiga**, von den Einheimischen »Mount Misery« genannt. Regenwald bedeckt seine Hänge, der ab 800 m in tropischen Nebelwald übergeht. Zuckerrohrplantagen prägen die Insel seit Jahrhunderten. Daneben ist der Tourismus ein stetig wachsender Wirtschaftsfaktor. Eine Besonderheit sind die vielen historischen Herrenhäuser und Plantagen; restauriert sind sie heute stilvolle private Unterkünfte und exquisite Landhotels. Auf keiner anderen Insel der Kleinen Antillen finden sich so viele Plantagenhäuser wie auf St. Kitts. Gegen Ende des 19. Jh. wurden hier noch knapp 300 »sugar estates«, zuckerproduzierende Plantagen, gezählt.

Basseterre   ▶ S. 146, B 3

22 000 Einwohner

Die Hauptstadt besitzt kaum Sehenswürdigkeiten, bezaubert jedoch als lebhafte karibische Siedlung mit immer noch deutlich britischem Akzent. Obwohl einige Häuser einen ärmlichen und vernachlässigten Eindruck machen, gibt es doch auch gepflegte Häuser im typisch westindischen Stil zu entdecken.

Der stadtnahe Cruise Ship Terminal **Port Zante** bietet Platz für zwei Kreuzfahrtschiffe. Über zusätzliche Liegeplätze verfügt der 3 km östlich von Basseterre gelegene Tiefseehafen **Birdrock**. Am Port Zante gibt es ein Welcome Center mit Ausflugsangeboten, Duty-free-Shops und daran anschließend die Pelican Mall mit der Touristeninformation.

SEHENSWERTES
The Circus

Häuser im karibischen Stil, mit umlaufender Veranda im ersten Stock, umgeben den achteckigen Hauptplatz von Basseterre. Dessen Namensgeber ist der berühmte Piccadilly Circus von London. Im Zentrum des Platzes steht der Berkeley Memorial Fountain, ein Brunnen mit schönem viktorianischen Uhrturm (»clock tower«) aus dem Jahre 1891.

MUSEEN
National Museum

Die rührige St. Christopher Heritage Society, die sich für den Schutz und die Restaurierung historischer Bauwerke auf der Insel einsetzt, trug auch entscheidend zum Aufbau des kleinen Museums bei. Neben archäologischen Fundstücken und historischen Inselfotos sind auch koloniale Möbel und antike Bekleidungsstücke der frühen Siedler ausgestellt.

Bay Road • Di–Fr 9–13, 14–17, Mo und Sa 9–13 Uhr • Eintritt 3 US-$

ESSEN UND TRINKEN
Serendipity

Hafenblick von der Terrasse • Das alte kreolische Haus serviert im romantischen Patio wie im karibisch gestalteten Speisezimmer beste internationale Küche: »Mahi-Mahi« und Steaks, Tiger Shrimps und gebackenen Brie. Interessant auch für einen leichten Lunch, da viele Gerichte in kleinen Portionen serviert werden. Exzellente Weinkarte.

3 Wigley Ave., Fortlands • Tel. 8 69/4 65-89 99 • www.serendipitystkitts.net • Mo–Fr 11.30–15, 18–22, Sa 18–23 Uhr • €€€

The Ballahoo

Balkon mit Meeresbrise • Restaurant in bester Lage am Circus, seit 1982 der Inseltreff. Bereits zum Frühstück sind die Plätze auf der Veranda belegt. Darüber hinaus werden Salate, Burger, Fischgerichte und Currys aufgetischt, dazu trinkt man das lokale Carib Beer.

Fort Street • Tel. 8 69/4 65-41 97 • www.ballahoo.net • Mo–Sa 8–21 Uhr • €€

⭐ **MERIAN Tipp**

WANDERN IM REGENWALD

Eine vierstündige Tour (mit Abholung vom Schiff) beinhaltet – nach Besichtung des kolonialen Herrenhauses Romney Manor und einer alten Zuckermühle – eine Wanderung durch den Regenwald von St. Kitts, durch einen Canyon mit antiken Felszeichnungen und Begegnungen mit Schmetterlingen und Affen.

Greg's Safaris • Buchung Tel. 00 18 69/4 65-41 21 (vom Schiff) • www.gregsafaris.com • 70 US-$ pro Person

EINKAUFEN
Caribelle Batik

Eine Erfolgsstory: Auf der Plantage Romney Manor entstehen heute die auf St. Kitts und den Nachbarinseln bekannten und nach indonesischer Batiktechnik aus luftig-leichtem »Sea Island Cotton« (Baumwolle) gefertigten Produkte: wunderschöne Kleider, Blusen, Röcke, Tücher und Taschen, farbenfroh und mit tropischen Motiven. Auch eine kurze Besichtigungstour mit Erklärungen zum Herstellungsprozess.

Romney Manor • www.caribelle
batikstkitts.com • Mo–Fr 9–18, Sa
9–13 Uhr
8 km nordwestl. von Basseterre

STRÄNDE
Dunkelsandigen Lavastrand bietet
die an der Nordostküste auf der
Atlantikseite liegende **Sandy Bay**.
Zum Schwimmen und Schnorcheln
beliebt ist besonders **Dieppe Bay** im
äußersten Norden. Die der Karibik
zugewandte Seite von **Frigate Bay**
(nahe der Hauptstadt) besitzt einen
feinen weißen Sandstrand und eine
gute Infrastruktur.

SERVICE
AUSKUNFT
St. Kitts Tourism Authority
Pelican Mall, Bay Road • Tel. 8 69/
4 65-40 40 • www.stkittstourism.kn •
Mo–Sa 8.30–17 Uhr

Ausflüge
◎ **Brimstone Hill
Fortress** 🔟   ▸ S. 146, A 2
Das ab 1690 von den Briten erbaute
Fort gehört zu den größten der karibischen Forts und wird auch das
»Gibraltar der Karibik« genannt,
weil hier 1782 zwischen Briten und
Franzosen eine der größten Schlach-
ten der Region stattfand. Die Bastionen und Offiziersunterkünfte
aus schwarzem Lavagestein wurden
sorgfältig restauriert und gehören
heute zum Brimstone Hill Fortress
National Park. Fast 100 Jahre dauerte
der Bau der heute zum UNESCO-
Weltkulturerbe gehörenden Fortanlage. Von einem Felsvorsprung in
200 m Höhe über dem Meer genießt
man einen traumhaften Blick, an
klaren Tagen bis zu den Nachbarinseln Nevis und Montserrat.

Nordwestküste • www.brimstone
hillfortress.org • tgl. 9.30–17.30 Uhr •
Eintritt 10 US-$ (Kinder 5 US-$)
16 km nördl. von Basseterre

◎ **St. Kitts Scenic Railway** 🚻
▸ S. 146, b 2
Auf eine vergnügliche 3-Std.-Tour
entlang des Mt. Liamuiga-Vulkans,
vorbei an Dörfern und durch tropische Vegetation, entführt der bunte
Zug (mit Aussichtsplattform im ersten Stock sowie klimatisierten Ab-
teilen im unteren Bereich) auf einer
historischen Strecke, nämlich auf
Schienen, auf denen einst Zuckerrohr transportiert wurde.
Ab Needsmust Station (nahe Basseterre) • www.stkittsscenicrailway.
com • 127 US-$, Kinder 63,50 US-$
(inkl. Bus-Transfer vom Cruise Terminal)

ST. LUCIA   ▸ Klappe hinten, d 3
Karte ▸ S. 147
Die beliebte Insel St. Lucia beeindruckt mit Regenwäldern und den
beiden dicht nebeneinander liegenden Vulkankegeln, den **Twin Pitons**
⭐ (Gros Piton, 770 m und Petit
Piton, 743 m), Wahrzeichen der gesamten Karibik. Die Straßen der
tropischen Insel werden von Palmen
und Bougainvilleen gesäumt und
führen durch Bananen- und Kakao-
Pflanzungen. Das ursprünglich von
Arawak und Kariben bewohnte Eiland durchlebte eine wechselvolle
Geschichte. Ingesamt 15-mal wechselte die Herrschaft über die Insel
zwischen Franzosen und Englän-
dern, bis St. Lucia im Vertrag von
Paris 1814 endgültig britisch wurde.
Seit 1979 ist sie unabhängige Republik im **British Commonwealth**. Die
Bevölkerung ist überwiegend afri-

Solche Baumriesen, aber auch viele Orchideen- und Farnarten können in den Romney Gardens (▶MERIAN Tipp, S. 109) an der Westküste von St. Kitts bestaunt werden.

kanischer Abstammung. Amtssprache ist Englisch, verbreitet ist Patois, eine Mischung aus Englisch, Französisch und afrikanischen Sprachen.

Castries
▶ S. 147, B 2
13 000 Einwohner

An einer tief ins Land reichenden Meeresbucht an der Nordwestküste, umgeben von Hügeln und dem dicht bewachsenen, steil ansteigenden Morne Fortune, liegt die Inselhauptstadt Castries. Aufgrund tropischer Stürme und mehrerer Feuer gibt es kaum historische Gebäude. Der größte Reiz von Castries stellt heute seine lebhafte karibische Atmosphäre dar.

Kreuzfahrtschiffe legen am Pier Pointe Seraphine an, wo sich auch ein zollfreier Shoppingkomplex und ein Touristenbüro befinden, sowie im gegenüberliegenden Port Castries (La Place Carenage).

SEHENSWERTES
Derek Walcott Square

Der im Zentrum von Castries liegende Platz ist benannt nach dem berühmtesten Sohn der Stadt, Derek Walcott, der 1992 den Literaturnobelpreis erhielt. Der Platz wird gekrönt von einem mehrere hundert Jahre alten Samanbaum und ist bewachsen mit Orchideen und Epiphyten (sogenannten Aufsitzerpflanzen). An seiner Westseite erhebt sich die Kathedrale der Unbefleckten Empfängnis. Rings um den Platz befinden sich alte und neuere Häuser, einige noch im westindischen Stil mit umlaufender Veranda und Verzierungen am Giebel.

SPAZIERGANG

Vom **Pointe Seraphine Pier** erreicht man das Stadtzentrum und das **Elizabeth II Dock** mit der Fähre oder dem Wassertaxi (5 US-$). Dort

bummelt man über die **Jeremie Street** mit ihren vielen Ständen und Geschäften in östlicher Richtung bis zum großen und bunten **Markt** an der Ecke mit der Peynier Street. Die Peynier Street geht man nach Süden, vorbei am **Rathaus** (Town Hall) und **Gericht** (Court House). An der Ostseite des Derek Walcott Square entdecken Sie die katholische **Kathedrale**. Über die Brazil Street und die Manoel Street gelangen Sie zurück zum Hafen. Zwischen modernen Häusern sehen Sie immer wieder westindische Holzhäuser mit »Gingerbread«-Verzierungen (die im Bereich der Giebel mit Ornamenten und Sägearbeiten geschmückten Holzhäuser sehen aus wie mit Zuckerguss verziert).
Dauer: 1,5 Stunden

 MERIAN Tipp

DRIVE-IN VOLCANO

Es ist bestimmt weltweit einzigartig, dass man bis zu einem Vulkan mit dem Auto vorfahren kann. Vom Parkplatz vor dem Vulkankrater (12 km Durchmesser) geht es dann zu Fuß weiter. Schon bald riecht man die Sulphur Springs, etwa 20 schwefelhaltige Quellen, die mit Gasen, Dämpfen und heißem Wasser (bis 90 °C) im Krater blubbern.
Sulphur Springs Park, Soufrière • Tel. 7 58/4 59-55 00 • tgl. 9–17 Uhr • Eintritt 11 US-$
42 km südl. von Castries

ESSEN UND TRINKEN
Coal Pot
Seit 1968 am Hafen • Französisch inspirierte karibische Küche, die

gute Lage direkt am Wasser und das edle Interieur ziehen anspruchsvolle Besucher an.
Vigie Marina Waterfront • Tel. 7 58/ 4 52-55 66 • www.coalpotrestaurant. com • Mo–Fr 12–15, 18.30–22, Sa 18.30–22 Uhr • €€-€€€

Chef Robby's Pirates Café
Einfach und gut • Ob auf einen schnellen Kaffee zwischendurch, ein Sandwich oder den großen Eisbecher: Im zweiten Stock eines Einkaufszentrums mit Hafenblick kann man mit Blick auf das typisch karibische Geschehen entspannen.
La Place Carenage, Jeremie Street • Tel. 7 58/4 52-25 43 • tgl. 8–18 Uhr • €–€€

STRÄNDE
Vor dem Anse Chastanet kurz vor Soufrière an der Westküste, dem schönsten Hotel der Insel mit einzelnen Villen, sensibel integriert in einen tropischen Hang, liegt das gleichnamige Korallenriff.
Mehr als 150 Fischarten wurden hier gezählt, unter ihnen die farbenfrohen Schmetterlings-, Papageienund Trompetenfische. Nördlich von Castries liegen an der Nordwestküste **Pigeon Point** (etwa 30 Min. entfernt) und **Reduit Beach** (dazwischen an Rodney Bay).

SERVICE
AUSKUNFT
St. Lucia Tourist Board
Pointe Seraphine • Tel. 7 58/4 52- 40 94 • www.jetzt-saintlucia.de

Ausflüge
◎ **Rodney Bay**   ▶ S. 147, B 1
Die fast kreisrunde, von dichtem Regenwald umgebene Bilderbuch-

bucht ist das Ziel von Weltumseglern und besitzt auch eine Marina mit Segelbooten, die gechartert werden können. Schöne Restaurants (empfehlenswert sind besonders Jacques Waterfront Dining und The Edge) und Cafés, die am Meer liegen und tropische Cocktails offerieren, lassen die Zeit im Flug vergehen.

Nordwestküste
9 km nördl. von Castries

📷 FotoTipp

PITON-VULKANE

Vom Strand des Hummingbird Beach Resort in der Soufriere Bay am Nordrand der Stadt Soufriere, von der Landstraße von Castries nach Soufriere zu erreichen, haben Sie einen Traumblick auf das Wahrzeichen der Karibik, die beiden majestätischen Vulkankegel Gros Piton und Petit Piton   ▸ S. 113

◎ **Soufrière**   ▸ S. 147, A 4

10 000 Einwohner

Holzhäuser in allen Regenbogenfarben, Wäsche waschende Frauen am Straßenrand: Soufrière, ein verschlafener Fischerort, liegt zu Füßen des gleichnamigen Vulkans mitten im Regenwald. 1713 von Franzosen gegründet, ist es der älteste Ort der Insel und besitzt noch einige typische westindische Kolonialstilhäuser mit den pittoresken Holzspitzen (»Gingerbread«-Verzierungen).

Über Serpentinenstraßen, vorbei an Bananenplantagen, gelangt man zum eingestürzten Krater des alten Vulkans Qualibou.

2 km südlich von Soufrière erheben sich am Meer die beiden erloschenen Vulkane **Petit Piton** (743 m) und **Gros Piton** ⭐ (770 m). Die Szenerie der steilen Pyramidenkegel vor dem saphirblau glänzenden Karibischen Meer, umgeben von dichter tropischer Vegetation, ist von dramatischer, einzigartiger Schönheit. Einen herrlichen Blick auf die Zwillingskegel genießen Sie in Soufrière von zahlreichen Restaurants und Hotelterrassen.

Westküste
40 km südl. von Castries

ST. THOMAS   ▸ Klappe hinten, b 1

Karte ▸ S. 148

Das kosmopolitische St. Thomas ist die beliebteste Insel der **US Virgin Islands**. Kolumbus erinnerte die östlich von Puerto Rico liegende Inselgruppe an die Legende von der hl. Ursula und ihren 11 000 Jungfrauen und nannte sie deshalb Jungferninseln. Tatsächlich sind es »nur« 100 Inseln, die jährlich von rund zwei Millionen Touristen besucht werden. Politisch sind die Inseln geteilt in die östlich gelegenen British Virgin Islands und die im Westen gelegenen US Virgin Islands. Auf der 83 km² großen Insel (55 000 Einwohner) befindet sich der größte Kreuzfahrthafen der Karibik.

Charlotte Amalie   ▸ S. 148, D 2/3

15 000 Einwohner

Entlang dem weit geschwungenen St. Thomas Harbour erstreckt sich auch die Inselhauptstadt Charlotte Amalie, der touristische und wirtschaftliche Mittelpunkt der US Virgin Islands. Die 1666 gegründete Siedlung, benannt nach der Frau des dänischen Königs Christian V., besteht heute aus hauptsächlich modernen Gebäuden.

Kreuzfahrtschiffe ankern gewöhnlich am **West Indian Dock** (Havensight Mall) im südöstlichen Teil des Hafens von Charlotte Amalie bzw. am **Crown Bay Cruise Ship Terminal** westlich der Hauptstadt.

SEHENSWERTES

Camille Pissarro Art Gallery

Der berühmte Impressionist (1830–1903) wurde in diesem Haus als Sohn einer portugiesisch-jüdischen Familie geboren. Mit zwölf Jahren zur Schulausbildung nach Frankreich geschickt, kehrte Pissarro fünf Jahre später zurück, um im Unternehmen seines Vaters zu arbeiten und mit dem Malen zu beginnen. Als junger Mann wieder in Frankreich, gesellte er sich zum Kreis der Künstler um Monet und Rodin. Heute beherbergt das restaurierte Haus eine Galerie, in der etwa zwei Dutzend Künstler ihre Werke ausstellen. Auch Kopien einiger Werke von Pissarro sind zu sehen.

14 Dronningens Gade (Main Street)

MERIAN Tipp

GOLFEN IN DER KARIBIK

In 20 Min. ist der Mahogany Run Golf Course (18 Loch, Par 70, 5507 m) an der Nordküste von St. Thomas mit dem Taxi erreicht, und von den Klippen ergibt sich – auch für Nicht-Spieler – ein Traumblick.

Mieten der Ausrüstung 70 US-$, Greenfee 125–165 US-$ (18 Loch), 85–115 US-$ (9 Loch), »Tee Time« (Abschlagszeit) unter Tel. +1/3 40/ 7 77-62 50 oder www.mahogany rungolf.com

4 km nordöstl. von Charlotte Amalie

Fort Christian

Die ab 1672 erbaute Befestigungsanlage ist das älteste noch erhaltene Bauwerk der Jungferninseln und diente im Laufe seiner Geschichte als Gefängnis, Rathaus und Kirche. Der viktorianische Uhrturm wurde 1874 hinzugefügt. Das in leuchtendem Rot erstrahlende Bauwerk hat Ähnlichkeit mit einem Schloss und beherbergt ein kleines Geschichtsmuseum.

Waterfront Highway, am Hafen • Mo–Fr 8.30–16.30 Uhr • Eintritt frei

Paradise Point 🏃🏃

Mit der Kabinenseilbahn (»skyride«) geht es von der Havensight Mall hinauf zum **Flag Hill**, dem Hausberg von Charlotte Amalie – ein besonders schöner Platz, um den Sonnenuntergang zu genießen.

Havensight Mall, östl. des Hafens • www.ridetheview.com • ab 9 Uhr an Kreuzfahrttagen • Seilbahn 21 US-$

ESSEN UND TRINKEN

Cuzzin's Caribbean Restaurant

Karibische Spezialitäten • Exotisch gewürztes Lammfleisch, fangfrischer Fisch, Garnelen mit Kokosnuss und Mango-Rum-Sauce, dazu gebackene Kochbananen und Wildreis – was in diesem historischen Haus in Innenstadtlage auf den Tisch kommt, ist beste lokale Küche.

7 Wimmelskafts Gade • Tel. 3 40/ 7 77-47 11 • www.cuzzinsvi.com • Mo–Sa 11–16.30 Uhr • €€–€€€

Lillian's Caribbean Grill

West Indian Rice & Beans • Schon von seiner Lage her, nämlich im Bereich der Haupteinkaufsstraße, eines der beliebtesten Restaurants der Stadt. Seit bald 30 Jahren serviert

Über den gläsernen Turm steigt man im Coral World Ocean Park (▶ MERIAN TopTen, S. 115) in eine zauberhafte Meereswelt: zu Fischen und tanzenden Seepferdchen.

man karibische und internationale Küche im schönen Patio oder im klimagekühlten Innenraum.
Grand Galleria Courtyard, 43-46 Norre Gade • Tel. 3 40/7 74-79 00 • Mo–Sa 7.30–17.30 Uhr • €€

EINKAUFEN
Havensight Mall
Mehr als 100 Geschäfte (darunter auch Drogerien, Buch- und Delikatessenläden) bieten Kleidung und typische karibische Souvenirs an.

SERVICE
AUSKUNFT
St. Thomas Tourism
Havensight Mall • Tel. 3 40/7 74-7 84

Ausflüge
◎ **Coral World Ocean Park** 🌟10 👫 ▶ S. 148, F 2
An der östlichen Nordküste liegt am Coki Point der Unterwasserpark mit

zahlreichen Attraktionen. Ein gläserner Turm wurde 30 m vor dem Ufer in die Korallen gesetzt, in dem man hinabsteigen kann ins Meer und von tropischen Fischen, Korallen und Seepferdchen umgeben ist. Daneben zeigen die Marine Gardens-Aquarien Fauna und Flora des Meeres, in riesigen Salzwasserbecken leben Haie und in der Stingray Lagoon auch Rochen. Interessant sind auch die Ausstellungen, Lehrpfade und Schildkrötenbecken.
Estate Smith Bay, Coki Point • www.coralworldvi.com • tgl. 9–16 Uhr • Eintritt 19 US-$, Kinder 10 US-$
9 km östl. von Charlotte Amalie

TRINIDAD ▶ Klappe hinten, D 5
Karte ▶ S. 149
Das gemeinsam mit dem kleineren **Tobago** einen Staat bildende Trinidad (5128 km²) ist geprägt von westafrikanischen und indischen

Einflüssen; hier lebt eine multikulturelle Gesellschaft mit Menschen aus mehr als 120 Nationen. Nach Katholiken und Hindus bilden Moslems die stärkste Religionsgruppe. Tourismus ist auf der stark industrialisierten Insel bislang von untergeordneter Bedeutung, u. a. deshalb, weil Trinidad nur wenige schöne Strände besitzt. Dafür hat es die größten Feucht- und Sumpfgebiete der Kleinen Antillen sowie ausgedehnte Regenwälder.

 MERIAN Tipp

NATUR IN TRINIDAD

400 m hoch in den Bergen der Northern Range liegt das Asa Wright Nature Centre, ein Naturschutzgebiet mit 200 verschiedenen Vogelarten und mehreren Wanderpfaden. Anmeldung per Telefon oder E-Mail.
Blanchisseuse Road • Tel. 8 68/6 67-51 62 • www.asawright.org • tgl. 9–17 Uhr • Eintritt 10 US-$ 32 km östl. von Port of Spain

Port of Spain ▶ S. 149, b 4

50 000 Einwohner
Mitte des 18. Jh. wurde die Hauptstadt Trinidads vom damaligen Gouverneur im Nordwesten der Insel am Golf von Paria gegründet. Während Besucher tagsüber bedenkenlos in der Stadt unterwegs sein können, sollten sie wegen erhöhter Kriminalität nach Einbruch der Dunkelheit Spaziergänge meiden. Kreuzfahrtschiffe legen gewöhnlich am **Cruise Terminal King's Wharf** von Port of Spain an, zu dem eine Shoppingmall und ein Kunsthandwerksmarkt gehören.

SEHENSWERTES
The Magnificent Seven
»Die fantastischen Sieben« werden sieben nebeneinanderstehende und aus der Kolonialzeit stammende Prachtbauten an der Westseite des Queen's Park Savannah genannt. Von 1890 stammt die Eliteschule Queen's Royal College, zu erkennen an einem weithin sichtbaren Uhrturm. Der daran anschließende Hayes Court, einst Sitz des anglikanischen Bischofs Thomas Hayes, zeigt Elemente britischen Landhausstils. Der im französischen Empirestil erbaute Palast Roomar stammt vom Anfang des 20. Jh. Nummer vier der sehenswerten Bauwerke ist das elegant-verspielte Mille Fleurs, daran schließt sich der streng gegliederte Archbishop's Palace im neoromanischen Stil mit symmetrischen Bogengängen an. Sitz des Premierministers von Trinidad und Tobago ist White Hall, ein venezianisch inspirierter Palast.
Maraval Road, Queen's Park Savannah

SPAZIERGANG
Vom Cruise Terminal King's Wharf an der Wrightson Road zweigt der lang gezogene **Independence Square** ab, wo tagsüber Souvenirläden aufgebaut werden und Straßenhändler ihre Waren verkaufen. Die 92 m hohen **Twin Towers** sowie die neugotische **Cathedral of Immaculate Conception** (1832) sind die prägenden Bauwerke des Platzes. Drei Querstraßen weiter nördlich liegt der **Woodford Square**, eine Grünanlage mit Palmen und Springbrunnen. An der Südseite steht die anglikanische **Trinity Cathedral** von 1823. An der Westseite er-

Der prächtige Scharlach-Ibis, auch Roter Sichler genannt, ist Trinidads Nationalvogel und kommt in den Mangrovensümpfen des Caroni Bird Sanctuary (▶ S. 117) vor.

hebt sich das 1906 erbaute **Red House**, das Neorenaissance-Stilelemente zeigt und in dem das Parlament tagt. Das Herz der Stadt schlägt im **Queen's Park Savannah**, einer großen Grünfläche, die Sie nach etwa acht Querstraßen auf einer der vom Woodford Square nach Norden führenden Straßen erreichen.
Dauer: 2 Stunden

ESSEN UND TRINKEN
Annie's Restaurant & Lounge
Feine chinesische Küche • Das kleine Restaurant bietet Sitzmöglichkeiten drinnen (klimatisiert) oder draußen auf der schönen Terrasse: Empfehlenswert sind »Hong Kong shrimps« und »fried rice with seafood«. Is(s)t man zu mehreren, dann sollte man den »crispy deep fried sweet & sour whole fish« probieren, eine Delikatesse, die man in Trinidad selten findet.

6 One Woodbrook Place • Tel. 8 68/6 28-30 21 • tgl. 11–23 Uhr • €€

SERVICE
AUSKUNFT
Tourist Information
10–14 Philipps Street, 3. Stock • Tel. 8 68/6 23-19 32

Ausflüge
◎ **Caroni Bird Sanctuary** 👫🌿
▶ S. 149, B 4
Die Caroni-Mangrovensümpfe, mit einer Ausdehnung von 80 km², stehen unter Naturschutz und sind Lebensraum für etwa 150 unterschiedliche Vogelarten. Bei Einbruch der Dämmerung fliegen täglich Hunderte von Purpur-Ibissen über die Sümpfe. Von der Anlegestelle beim Union Butler Highway bieten Motorboote Fahrten duch die Kanäle.
Union Butler Highway
20 km südöstl. von Port of Spain

Gäste des Luxusliners MS »Europa« (▶ S. 14) erwartet an Bord Action und Komfort: u.a. ein Fitnessraum mit Blick auf Pool und Meer.

Wissenswertes über
die Karibikkreuzfahrt

Nützliche Informationen für einen gelungenen Aufenthalt: Fakten über Land, Leute und Geschichte sowie Reisepraktisches von A bis Z.

Sprachführer

Englisch

WICHTIGE WÖRTER UND AUSDRÜCKE

ja – yes

nein – no

bitte – please

danke – thank you

Ich verstehe nicht – I don't understand

Entschuldigung – Sorry/I beg your pardon/excuse me

Guten Tag – How do you do

Ich heiße … – My name is …

Sprechen Sie Deutsch? – Do you speak German?

Auf Wiedersehen – Good bye

ZAHLEN

eins – one

zwei – two

drei – three

vier – four

fünf – five

sechs – six

sieben – seven

acht – eight

neun – nine

zehn – ten

hundert – hundred

tausend – thousand

WOCHENTAGE

Montag – Monday

Dienstag – Tuesday

Mittwoch – Wednesday

Donnerstag – Thursday

Freitag – Friday

Samstag – Saturday

Sonntag – Sunday

UNTERWEGS

Wie weit ist es? – How far is it to …?

Wo ist …? – Where is …?

– die nächste Bus-Station – the nearest bus terminal

Wo finde ich einen Arzt/eine Apotheke? – Where do I find a doctor/a pharmacy?

Eine Fahrkarte nach … bitte – A ticket to … please

ESSEN UND TRINKEN

Die Speisekarte bitte – Could I see the menu, please?

Die Rechnung bitte – Could I have the bill, please?

Wo finde ich die Toiletten? – Where are the washrooms?

EINKAUFEN

Haben Sie …? – Do you have …?

Wie viel kostet das? – How much is this?

Französisch

WICHTIGE WÖRTER UND AUSDRÜCKE

ja – oui

nein – non

danke – merci

Ich verstehe nicht – Je ne comprends pas

Entschuldigung – Excusez-moi

Guten Morgen/Tag – bonjour

Guten Abend – bonsoir

Ich heiße … – Je m'appelle

Sprechen Sie Deutsch/Englisch? – Parlez-vous allemand/anglais?

ZAHLEN

eins – un, une

zwei – deux

drei – trois

vier – quatre

fünf – cinq

sechs – six

sieben – sept

acht – huit
neun – neuf
zehn – dix
hundert – cent

WOCHENTAGE

Montag – lundi
Dienstag – mardi
Mittwoch – mercredi
Donnerstag – jeudi
Freitag – vendredi
Samstag – samedi
Sonntag – dimanche

UNTERWEGS

Wie kommt man nach …? – Pouvez-vous m'indiquer le chemin pour aller à
Wo finde ich …? – Où est-ce que je trouve
Eine Fahrkarte nach … bitte! – un ticket pour … s'il vous plaît!

ESSEN UND TRINKEN

Die Speisekarte bitte! – La carte s'il vous plaît
Die Rechnung bitte! – L'addition s'il vous plaît
Ich hätte gern … – Je voudrais prendre

EINKAUFEN

Haben Sie …? – Avez-vous …?
Wie viel kostet …? – Combien ça coûte?

Spanisch
WICHTIGE WÖRTER UND AUSDRÜCKE

ja – sí
nein – no
danke – gracias
Ich verstehe nicht – No entiendo
Entschuldigung – perdón
Guten Tag – buenas tardes
Ich heiße … – Me llamo …

Sprechen Sie Deutsch/Englisch? – ¿Habla alemán/inglés?

ZAHLEN

eins – uno
zwei – dos
drei – tres
vier – cuatro
fünf – cinco
sechs – seis
sieben – siete
acht – ocho
neun – nueve
zehn – diez

WOCHENTAGE

Montag – lunes
Dienstag – martes
Mittwoch – miércoles
Donnerstag – jueves
Freitag – viernes
Samstag – sábado
Sonntag – domingo

UNTERWEGS

Wie kommt man nach …? – ¿Por dónde se va a…?
Wo ist … – ¿Dónde está …
Wo finde ich … – ¿Dónde encuentro …
Eine Fahrkarte nach … bitte! – ¡Quisiera un pasaje a …, por favor!

ESSEN UND TRINKEN

Die Speisekarte bitte! – El menu, ¡por favor! [el menu por fabor]
Die Rechnung bitte! – La cuenta, ¡por favor!
Ich hätte gern … – Quisiera …, ¡por favor!

EINKAUFEN

Haben Sie …? – ¿Hay …?
Wie viel kostet …? – ¿Cuánto vale …?

Kulinarisches Lexikon

A

ackra cakes – frittierte Bohnen-
   bällchen (auch accra cakes)

acras – frittierte Fischbällchen

adella – Dessertsauce für Eis aus
   ▸ chayote, braunem Zucker und
   Rum

alcaparrado – süßsaure Würz-
   mischung aus Oliven, Rosinen
   und Kapern

annatto – rot-orange Samen des
   Orleansstrauchs, leicht bitter

B

Bajan chicken – Hühnchen auf
   Barbados-Art (gewürzt, paniert,
   frittiert)

bamia (auch bamya) – andere
   Bezeichnung für okra

black pudding and souse – eine Art
   Blutwurst mit Schweinskopf-
   Fleisch in Sauce (auch blood
   pudding)

blackened fish – marinierter, scharf
   angebratener Fisch

breadfruit with ackees – Brotfrucht
   mit Akipflaumen und Stockfisch

bush tea – Kräutertee, manchmal
   (illegal) aus Marihuana-Blättern

C

calabash – Kürbisart

calalou – scharfer Gemüseeintopf

carambola – Karambole, Sternfrucht

cassareep – ausgepresster, gekoch-
   ter Manioksaft; meist mit Zimt,
   Nelken und braunem Zucker
   gewürzt

cassava – Maniok, wird wie Kartoffeln verwendet

channa – geröstete Kichererbsen

chayote – Kürbisart

chowder – gebundene Suppe mit
   Sahne

cilantro – langer Koriander

corn – Mais

crabes farcis – mit Kräutern und
   Knoblauch gewürzte Taschenkrebse

D

dasheen – andere Bezeichnung für
   ▸ taro

dolphin fish – Goldmakrele, auch
   ▸ mahi-mahi

F

floats – ausgebackene Hefeküchlein

fool – Creme, z. B. aus Mango;
   wörtlich »Narr«

G

garam masala – indische Gewürz-
   mischung

garlic – Knoblauch

ginger – Ingwer

grits – Brei aus püriertem Mais
   oder Getreidekörnern

guanabana – andere Bezeichnung
   für ▸ soursop

gumbo – Eintopf mit Fleisch oder
   Fisch und Okras

gundy – kalte Vorspeise, meist mit
   frischem, geräuchertem oder
   eingelegtem Fisch

H

harissa – scharfe Paste aus Chili,
   Kreuzkümmel und Koriander

J

jalapeño – scharfe grüne oder rote
   Pfefferschote

jambalaya – Reisgericht, ähnlich
   der Paella

janga, jonga – Flusskrebs

jerked pork – gewürztes gegrilltes
   Schweinekotelett, auch jerk pork

johnny cakes – frittierte Mehl-
  bällchen, Beilage zu Fisch und
  Fleisch
joloffe chicken – Hühnergericht
  mit Palmöl, getrockneten Krabben und Reis
jug jug – Eintopf mit Hirse

L

ladyfinger – andere Bezeichnung
  für ▸ okra
lamb – Lamm
lime – Limette

M

mahi-mahi – Goldmakrele, auch
  ▸ dolphin fish
matrimony – »Hochzeit«, Dessert
  aus Orangen und Karambolen
mescal – mexikanischer Agaven-
  schnaps
moros y cristianos (»**Mauren und
  Christen**«) – Reis mit schwarzen
  Bohnen

N

nutmeg – Muskatnuss

O

okra – Okraschote
otaheite apple – birnenförmige
  rote, weißfleischige Frucht, wird
  meist roh gegessen

P

palmito – Palmherzen
pepper pot – scharf gewürzter
  Eintopf
pepper sauce – auf jeder Insel
  anders zubereitete scharfe Sauce
pigeon pea (auch gungo pea) –
  Zutat für »Reis mit Bohnen« –
  in der Karibik sind die Grenzen
  zwischen Erbsen und Bohnen
  fließend; meist sind es rote,
  schwarze oder Wachtelbohnen

pilaf, pilau – Pilaf, Reisgericht
pili-pili – kleine, scharfe Pfefferschote
pitch lake – Bezeichnung für eine
  Schokoladencreme
plantain, plantain – Kochbanane
pork – Schwein

R

ropa vieja (»alte Klamotten«) –
  Eintopf mit Rindfleisch, grüner
  Paprika, Tomaten, Oliven und
  Kapern
rummy oranges – Dessert aus
  Orangen und Rum
rundown – in Kokosmilch gegarter
  Fisch, mit Tomaten, Knoblauch,
  Chili

S

sauce chien – sehr scharfe Sauce
  zu Geflügel, Fisch und Meeres-
  früchten, die vorwiegend aus
  Gemüse besteht
soursop – herzförmige Frucht mit
  weißem säuerlich-aromatischen
  Fleisch, auch guanabana
souse – eine Art pikante Schweins-
  kopfsülze, oft mit pudding, Blutwurst, serviert
stamp and go – pikante frittierte
  Bällchen aus Stockfisch, Schalot-
  ten, Chili, Tomaten und Mehl
sweet potato – Süßkartoffel, Batate

T

tamarind – Schoten mit süß-sau-
  rem dunkelbraunen Mark
tapioca – Maniokmehl
taro – Taro-Knolle, wird wie
  Kartoffeln verwendet; auch
  ▸ dasheen

U

ugli – Kreuzung aus Grapefruit
  und Mandarine

Reisepraktisches von A–Z

Inselname	Hauptstadt	Landessprache	Einwohnerzahl	Größe in km²
Antigua (Antigua & Barbuda)	St. John's	Englisch, Kreolisch	89 000	442
Aruba (Niederländische Antillen)	Oranjestad	Niederländisch, Papiamento	108 000	181
The **Bahamas**	Nassau, New Providence	Englisch	392 000	13 940
Barbados	Bridgetown	Englisch	287 000	431
Curaçao (Niederländische Antillen)	Willemstad	Niederländisch, Papiamento	160 000	444
Dominikanische Republik	Santo Domingo	Spanisch	10,3 Millionen	48 730
Grand Turk (Turks & Caicos Islands)	Cockburn Town, Grand Turk	Englisch	5800	18
Grenada	St. George's	Englisch	110 000	344
Guadeloupe (Französische Antillen)	Basse-Terre	Französisch	447 000	1780
Jamaika	Kingston	Englisch, Patois	2,9 Millionen	10 990
Kuba	Havanna	Spanisch	11,5 Millionen	109 861
Martinique (Französische Antillen)	Fort-de-France	Französisch	436 000	1106
Nevis (St. Kitts & Nevis)	Basseterre	Englisch	14 000	93
Puerto Rico	San Juan	Spanisch	3,9 Millionen	8897
Saint-Barthélemy (Französische Antillen)	Gustavia	Französisch	8900	21
Saint Lucia (St. Lucia)	Castries	Englisch, Kreolisch	190 000	619
Saint-Martin (Französische Antillen)	Marigot	Französisch	36 000	53
Sint Maarten (Niederländische Antillen)	Philipsburg	Niederländisch	38 000	34
St. Kitts (St. Kitts & Nevis)	Basseterre	Englisch	39 000	176
St. Thomas (US Virgin Islands)	Charlotte Amalie	Englisch	55 000	83
Trinidad (Trinidad & Tobago)	Port of Spain	Englisch	1,3 Millionen	5128

ANREISE

MIT DEM FLUGZUG

Ist die Anreise mit dem Flugzeug zu einem Abfahrtshafen in Florida oder den übrigen USA sowie der Karibik nicht im Arrangement enthalten, hat man die Wahl unter diversen Fluglinien, die täglich nach Miami, Fort Lauderdale und Tampa verkehren: u.a. Lufthansa, Air France, KLM, US Airways, Delta, Continental, Northwest und American Airlines.

Auf www.atmosfair.de und www.myclimate.org kann jeder Reisende durch eine Spende für Klimaschutzprojekte für die CO_2-Emission seines Fluges aufkommen.

AUSKUNFT

KARIBIK ALLGEMEIN

Caribbean Tourism Organisation
c/o INEX, Domitianstr. 20, 61130 Nidderau • Tel. 0 61 87/90 07 80 • www.onecaribbean.org

FRANZÖSISCHE ANTILLEN

Atout France
Postfach 100128, 60001 Frankfurt/M. • www.france.fr

NIEDERLÄNDISCHE ANTILLEN

Aruba Tourism Authority
c/o Fame Creative Lab • Hanauer Landstr. 146, 60134 Frankfurt/M. • Tel. 0 69/24 7 5 61 82 • aruba@fame-creativelab.com

CURAÇAO TOURIST BOARD
Arnulfstr. 31, 80636 München • Tel. 0 89/51 70 32 98 • www.curacao.de

ANTIGUA

Antigua Dept. of Tourism
Thomasstr. 11, 61348 Bad Homburg • Tel. 0 61 72/2 15 04 • www.visit-antiguaandbarbuda.com

BAHAMAS

Bahamas Tourist Office
Limburger Str. 3, 61462 Königstein • Tel. 0 61 74/61 90 14 • www.bahamas.de

BARBADOS

Barbados Tourism Authority
Josephspitalstr. 15, 80331 München • Tel. 0 89/5 52 53 38 34 • www.visitbarbados.org

DOMINIKANISCHE REPUBLIK

Fremdenverkehrsamt Dominikanische Republik
Hochstr. 54, 60313 Frankfurt • Tel. 0 69/91 39 78 78 • www.godominicanrepublic.com

GRENADA

Grenada Board of Tourism
Schenkendorfstr. 1, 65187 Wiesbaden • Tel. 06 11/2 67 67 20 • www.grenadagrenadines.com

JAMAIKA

Jamaica Tourist Board
Schwarzbachstr. 32, 40822 Mettmann • Tel. 0 21 04/83 29 74 • www.visitjamaica.com

KUBA

Fremdenverkehrsamt Kuba
Stavangerstr. 20, 10439 Berlin • Tel. 0 30/44 71 96 58 • www.cubainfo.de

PUERTO RICO

Puerto Rico Tourist Board
Schenkendorfstr. 1, 65187 Wiesbaden • www.seepuertorico.com

SAINT LUCIA

Saint Lucia Tourist Board
Kälberstücksweg 59, 31350 Bad Homburg • Tel. 0 61 72/499 41 38 • www.stlucia.org

TRINIDAD
Trinidad & Tobago Tourist Office
c/o Aviareps Tourism GmbH, Josephspitalstr. 15, 80331 München • Tel.
0 89/5 52 53 34 05 • www.gotrinidad
andtobago.com

BUCHTIPPS

Alex Webb: Karibik (Mare-Verlag,
Hamburg 2010) Der Fotograf blickt
in die Hinterhöfe der Karibik.
**Andrea Levy: Das lange Lied eines
Lebens** (DVA 2011) Der Roman
spielt Mitte des 19. Jh. auf Jamaika
und schildert das Leben der Sklaven.

BUCHUNGSADRESSEN

DEUTSCHLAND
AIDA Cruises
Am Strande 3d, 18055 Rostock • Tel.
03 81/20 27 07 22 • www.aida.de

Costa Kreuzfahrten
Am Sandtorkai 39, 20457 Hamburg,
Tel. 0 40/5 70 12 13 14 • www.costa
kreuzfahrten.de

Hapag-Lloyd Kreuzfahrten
Ballindamm 25, 20095 Hamburg •
Tel. 0 40/30 70 30 70 • www.hl-
kreuzfahrten.de

MSC Kreuzfahrten
Ridlerstr. 37, 80339 München •
Tel. 0 89/2 03 04 38 01 • www.hl-
cruises.de

Royal Caribbean Cruise Line
Lyoner Str. 20, 60528 Frankfurt •
Tel. 0 69/92 00 71 55 • www.royal
caribbean.de

Sea Cloud Cruises
An der Alster 9, 20095 Hamburg •
Tel. 0 40/30 95 92 50 • www.sea
cloud.com

TUI Cruises
Anckelmannsplatz 1, 20537 Hamburg • Tel. 0 40/6 00 01 51 11 • www.
tuicruises.com

FESTE UND EVENTS

JANUAR
Jamaica Jazz & Blues Fest
Die Hotels von Montego Bay sind
ausgebucht, wenn junge Talente und
internationale Stars sich zu Jazz und
Blues, Reggae, Funk und Pop treffen.
2. Januarhälfte • www.jamaica
jazzandblues.com

**San Sebastián Street Festival,
Puerto Rico**
In der Altstadt von San Juan feiert
man mit Paraden, Musik und Tanz.
Mitte Januar • www.puertoricoday
trips.com/san-sebastian-street-
festival

JANUAR/FEBRUAR
Karneval
Zwei Monate • Neujahr–Ende Februar
Bonaire
Januar–Faschingsdienstag
Curaçao
Anfang Januar–Ende Februar •
www.curacaocarnival.info
Dominikanische Republik
Januar–27. Februar
Guadeloupe
Anfang Januar–Aschermittwoch
Puerto Rico
Januar–Aschermittwoch

FEBRUAR
Trinidad Carnival
Das größte Fest der Karibik ist der
in der europäischen Fasnachtszeit
stattfindende Karneval von Trinidad
mit Musikveranstaltungen, Umzügen und Kostümwettbewerben.
www.nccctt.org

Holetown Festival, Barbados

Das Fest wird seit drei Jahrzehnten zum Gedenken an die englische Besiedlung begangen; mit Oldtimerparade, Open-Air-Konzerten, Gospelgesängen und Volkstänzen.
2. Februarhälfte • www.holetown festivalbarbados.org

Karneval

Saint-Barthélemy
Februar–Aschermittwoch
St. Lucia
Februar (auch 21.–22. Juli)

FEBRUAR/MÄRZ
Jamaica Carnival

Karneval wird im Februar und um die Osterzeit gefeiert, mit farbenprächtigen Umzügen und fantasievollen Kostümen.
Februar und Ostern • www.bacchanal jamaica.com

MÄRZ/APRIL
Festival Holders Season Barbados

Das größte Kulturfestival der Karibik mit Oper, Theater, Musik und Comedy findet im Holders House statt, einer Plantage des 17. Jh.
9 Tage Mitte März • www.holders season.com

Puerto Rico Heineken Jazz Fest

In zwei Jahrzehnten wurde das Festival in San Juan zum bekanntesten Jazzevent der Karibik.
Vier Tage im März • www.prheineken jazz.com

APRIL/MAI
Antigua Sailing Week

Über 40-mal fand die Segelwoche bisher statt, eine der größten Regatten der Welt. Eine wunderbare Aussicht auf das maritime Treiben ergibt sich von Shirley Heights, wo abendlich die Partys steigen.
Letzte Aprilwoche • www.sailing week.com

Karneval

Sint Maarten
April
St. Thomas
April, nach Ostern

Barbados Gospel Fest

Gospelgesänge in jeder Form und überall auf Barbados geben bei diesem Fest den Ton an.
Eine Woche in der 2. Maihälfte • www.barbadosgospelfest.com

JUNI
Ocho Ríos Jazz Festival, Jamaika

Musikfestival an Jamaikas Nordküste mit hochkarätiger internationaler Besetzung.
Eine Woche Anfang Juni • www. ochoriosjazz.com

St. Kitts Music Festival

»The hottest show on earth« versprechen die Veranstalter und die Interpreten verschiedener musikalischer Genres; Calypso gehört natürlich dazu. Bekannte Musiker wie Fantasia, Gyptain etc.
Drei Tage in der 2. Junihälfte • www. stkittsmusicfestival.net

JULI
Montego Bay Reggae Sumfest, Jamaika

Das größte Open-Air-Reggae-Festival Jamaikas lockt mit traditionellem Reggae sowie modernen »Riddims«; neben jamaikanischen Musikgrößen treten auch internationale Stars auf.
Eine Woche Mitte Juli • www. reggaesumfest.com

Festival del Merengue, Dominikanische Republik

Seit 30 Jahren begeht man in Santo Domingo dieses Tanz- und Musikfestival mit farbenfrohen Paraden an der Meerespromenade Malecón, Musikbands und Kunsthandwerkermärkten.
Ende Juli/Anfang August

Karneval
St. Lucia
21.–22. Juli (auch im Februar)

JULI/AUGUST
Crop Over Festival, Barbados

Seit dem 18. Jh. wird das Ende der Zuckerrohrernte (»Crop Over«) in Barbados ausgelassen gefeiert, heute mit Calypso-Wettbewerben, fantasievollen Kostümen und Umzügen, Musik, Folklore und karibischen Spezialitäten rund um den Bridgetown Market. Höhepunkt und Finale ist der Kadooment Day (erster Mo im August), das größte Fest der Insel. Anschließend wird ausgelassen Karneval gefeiert.
Fünf Wochen im Juli/August • www.barbados.org/cropover.htm

AUGUST
Spice Mas in Grenada

In der Hauptstadt St. George's wird Karneval (»Spice Mas«) mit Paraden, Steelbands und Musik gefeiert; auch Kinderkarneval.
Eine Woche um das erste Wochenende im August • www.spicemasgrenada.com

DEZEMBER
Karneval auf den Bahamas und St. Kitts

Mitte Dezember–Anfang Januar • www.stkittsneviscarnival.com

GELD

Antigua, Grenada, St. Kitts & Nevis, St. Lucia (East Caribbean Dollar)

1 XCD	0,33 €
1 €	3,01 XCD
1 SFr.	2,72 XCD

Aruba (Aruba Florin)

1 AWG.	0,50 €
1 €	2,00 AWG
1 SFr.	1,81 AWG

Bahamas (Bahama-Dollar)

1 BSD.	0,90 €
1 €	1,11 BSD
1 SFr.	1,01 BSD

Barbados (Barbados Dollar)

1 BBD	0,45 €
1 €	2,34 BBD
1 SFr.	2,02 BBD

Curaçao, Sint Maarten (Niederländischer Antillengulden)

1 ANG.	0,50 €
1 €	1,99 ANG
1 SFr.	1,80 ANG

Dominikanische Republik (Dominikanischer Peso)

1 DOP	0,02 €
1 €	50,77 DOP
1 SFr.	45,92 DOP

Guadeloupe, Martinique, Saint-Barthélemy, Saint-Martin (Euro)

1 SFr.	0,90 €

Jamaika (Jamaika-Dollar)

1 JMD . . . . 0,01 €
1 € . . . . 137,44 JMD
1 SFr. . . . . 124,33 JMD

Kuba (Cuba Convertible Peso)

1 CUC . . . . 0,89 €
1 € . . . . 1,12 CUC
1 SFr. . . . . 1,01 CUC

Turks & Caicos Islands,
St. Thomas, Puerto Rico
(US-Dollar)

1 USD . . . . 0,89 €
1 € . . . . 1,12 USD
1 SFr. . . . . 1,01 USD

Trinidad & Tobago
(Trinidad & Tobago Dollar)

1 TTD . . . . 0,14 €
1 € . . . . 7,29 TTD
1 SFr. . . . . 6,59 TTD

In der Karibik gibt es viele unterschiedliche Währungen. Immer finden sich in der Nähe des Kreuzfahrtpiers Geldautomaten (ATM), an denen sich mit der Konto- oder Kreditkarte rasch und bequem Bargeld beschaffen lässt.

GESUNDHEITSVORSCHRIFTEN
Impfungen sind für die genannten Inseln, die auf der Kreuzfahrt angesteuert werden, nicht erforderlich.

INTERNET
Auf allen Kreuzfahrtschiffen gibt es Internetverbindungen und in den öffentlichen Bereichen WLAN-Zugang, bei einigen Linien auch in den Kabinen.

MEDIZINISCHE VERSORGUNG
Viele Schiffe verfügen über eine eigene Krankenstation mit ausgebildetem Fachpersonal und Arzt sowie über eine Apotheke. An Bord erbrachte Leistungen müssen privat bezahlt werden. Es empfiehlt sich außerdem der Abschluss einer Auslandskrankenversicherung, die Krankenrücktransporte mitversichert.

PREISE
Auf fast allen Karibikinseln kann man auch mit US-Dollar bezahlen. Auf mehreren Inseln gelten bei Museen und Sehenswürdigkeiten für Einheimische und Touristen unterschiedliche Preise; werden diese in US-Dollar genannt, werden sie auch im Buch so aufgeführt.

REISEZEIT
In der Karibik herrscht tropisches bis subtropisches Klima, d. h., die Inseln sind mit 24–29 °C mittlerer Tagestemperatur ein ganzjähriges Reiseziel mit Ausnahme der Monate August bis November: Dann regnet es nicht nur, sondern es drohen gelegentlich auch Hurrikane. Die Regenzeit verläuft auf den einzelnen Inseln unterschiedlich, im Winter regnet es weniger, im Sommer gibt es eine hohe Luftfeuchtigkeit. Die Wassertemperatur ist ein paar Grad geringer als die der Luft.

SCHLÜSSELKARTEN
Die Bordkarte dient meist zugleich als Zugangsausweis, Schlüssel- und Bordkreditkarte – ist also ein wichtiges Ausweispapier während der Reise. Sie muss beim An-Bord-Gehen immer zur Legitimation vorgelegt werden.

TAGESPROGRAMM

Das Programm für den nächsten Tag wird am Vorabend auf die Kabinen verteilt. Hier stehen auch die Liegezeiten in den jeweiligen Häfen.

TELEFON

VORWAHLEN

Aruba 0 02 97

Antigua, Bahamas, Barbados, Dominikanische Republik, Grand Turk Island, Grenada, Jamaika, Nevis, Puerto Rico, St. Kitts, St. Lucia, St. Thomas, Trinidad 0 01

Kuba 00 53

Guadeloupe, Saint-Barthélemy 0 05 90

Curaçao, Sint Maarten 0 05 99

Martinique 0 05 96

Deutschland 00 49

Österreich 00 43

Schweiz 00 41

Telefonieren von der Kabine aus ist sehr teuer. In Küstennähe kann man zu den normalen Roaming-Tarifen seines Providers mit dem Mobiltelefon telefonieren. Auf vielen Schiffen ist mobiles Telefonieren auch auf hoher See möglich, allerdings nicht mit Prepaid-Karten. Die meisten Schiffe sind auch über eine Festnetz-nummer, unabhängig von ihrem jeweiligen Standort, erreichbar.

TRINKGELD

Die meisten Reedereien rechnen pauschal über die Bordkreditkarte pro Tag einen bestimmten Betrag als Trinkgeld ab. Auf einigen Schiffen ist das Trinkgeld bereits vollständig im Reisepreis inbegriffen.

WÄSCHE

Wie jedes Hotel verfügen auch die Schiffe über einen Wäscheservice.

ZEITVERSCHIEBUNG

Der Zeitunterschied beträgt im Winter 5, im Sommer 6 Std. (MEZ).

ZOLL

Folgende Richtmengen dürfen bei der Ankunft in Europa nicht überschritten werden: 200 Zigaretten oder 100 Zigarillos oder 50 Zigarren oder 250 g Tabak; 1 l Rum (über 22 % Alkohol) oder 2 l Zwischenerzeugnisse (22 % oder weniger); 500 g Kaffee. Gänzlich verboten ist die Einfuhr von Produkten, die unter das Washingtoner Artenschutzabkommen fallen.
Weitere Auskünfte erhalten Sie unter www.zoll.de, www.bmf.gv.at/zoll und www.zoll.ch.

Klima (Mittelwerte)	JAN	FEB	MÄR	APR	MAI	JUN	JUL	AUG	SEP	OKT	NOV	DEZ
Tages-temperatur	27	27	28	29	29	29	29	29	30	29	29	28
Nacht-temperatur	22	21	22	22	23	23	23	24	24	23	23	22
Sonnen-stunden	8	8	9	9	8	8	8	8	7	7	8	8
Regentage pro Monat	17	12	13	13	15	18	22	20	19	18	17	16
Wasser-temperatur	26	26	27	27	27	27	28	28	28	28	28	27

Kartenatlas

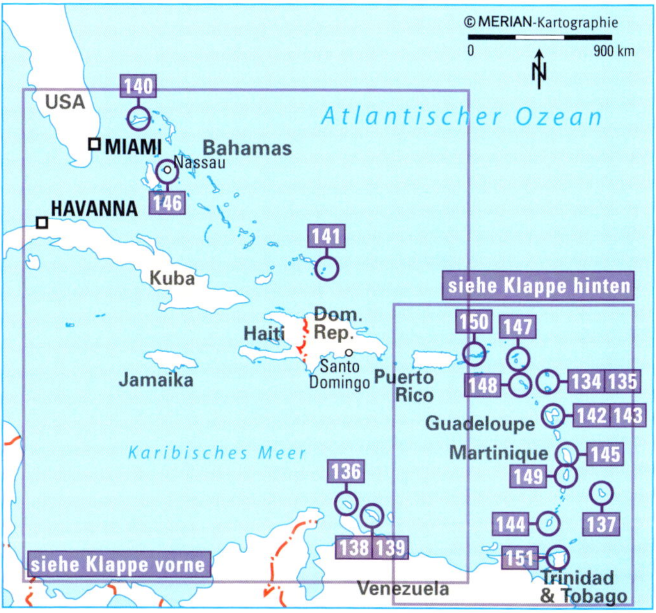

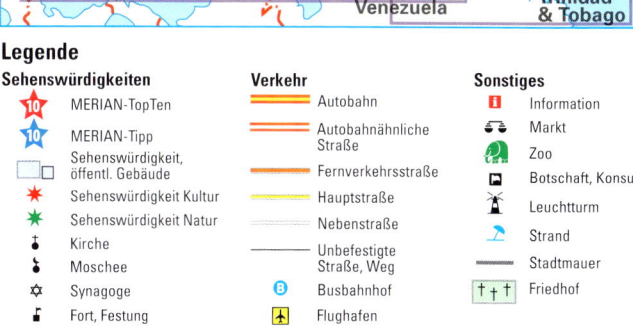

© **MERIAN**-Kartographie

0   900 km

N

USA

140

MIAMI

Nassau

Bahamas

HAVANNA

146

Atlantischer Ozean

141

Kuba

Dom. Rep.

Haiti

Santo Domingo

Jamaika

Puerto Rico

siehe Klappe hinten

150 **147**

148 **134** **135**

142 **143**

Guadeloupe

Martinique

145

149

Karibisches Meer

136

144 **137**

siehe Klappe vorne

138 **139**

Venezuela

151

Trinidad & Tobago

Legende

Sehenswürdigkeiten

🔟	MERIAN-TopTen
🔟	MERIAN-Tipp
▭	Sehenswürdigkeit, öffentl. Gebäude
✳	Sehenswürdigkeit Kultur
✳	Sehenswürdigkeit Natur
♗	Kirche
♗	Moschee
✡	Synagoge
♗	Fort, Festung
♗	Klosterruine
🏛	Museum
😈	Theater
♗	Denkmal
∴	Archäologische Stätte

Verkehr

▬▬	Autobahn
▬▬	Autobahnähnliche Straße
▬▬	Fernverkehrsstraße
▬▬	Hauptstraße
▬▬	Nebenstraße
▬▬	Unbefestigte Straße, Weg
🅱	Busbahnhof
✈	Flughafen

Sonstiges

ℹ	Information
⚖	Markt
🐘	Zoo
⬚	Botschaft, Konsulat
⚓	Leuchtturm
🏊	Strand
▭	Stadtmauer
✝✝✝	Friedhof

Antigua & Barbuda

Karibisch

Boon Point

Blue Waters Bay

Bec Poi

Crosbies

Cedar Grove

94

Dickenson Bay

New Winthorpes

Barne

Osbourn

Fort Barrington

Fort James

St. John's

St. Johnston Village

Pi

Deep Bay

Hawks Bill Bay

Five Islands Village

Mt. Thomas 160

Salt Pond

Potters Village

Pinching Bay

Fullerton Point

Five Islands Harbour

Golden Grove

Creekside

S F

Hermitage Bay

Pearns Hill 136

Ebenezer

Jennings

St. Lukes

Pearns Point

Emanuel

Buckleys

Mosquito Cove

Green Castle Hill 172

All Saint

Lignumvitae Bay

Bolans

Bendals

Sawcolts

S

Boggy Peak 402

Sage Hill 354

John Hughes

Dark Wood Beach

Shekerley Mountains

Signal Hill 368

Crab Hill

Johnsons Point

Urlings

Cades Bay

Old Road

St. Mary's Church

Morris Bay

Carlisle Bay

Fisher Hill 141

Rendezvous I

Cades Reef

Old Road Bluff

D   **E**   **F**

er

Goat Point

Cedar
Tree
Point

Goat
Island

Cobb Cove

Gun Shop Cliff

*Codrington
Lagoon*

Low Bay

Codrington

**Frigate Bird
Sanctuary**

Hog Cliffs

Barbuda

**Martello
Tower**

Dulcina

*Palmetto
Point*

*Pelican
Bay*

Gravenor Bay

*Spanish
Point*

*Long
Island*

Bird Island Reef

*Little Bird
Island*

*Great
Bird Island*

mby Bay

Maiden Island

North Sound

Crabs
Point

**ird
national
ort**

Potham Harbour

Crabs
Peninsula

Guiana Island

Crump Island

Pelican Island

*Long
Bay*

Indian Town Point

Devil's Bridge

arham

ns Lindsay Hill
85

Pares

Fitches Bay

Seatons

Willikies

Flat Point

**Betty Hope
Plantation**

Glanvilles

ans

*Nonsuch
Bay*

Fort Harman

Newfield

Freetown

Green Island

Great Deep Bay

York Island

Marygalante Bay

**Table Hill
Gordon**

Bethesda

St. Philips

Exchange Bay
Half Moon Bay

Soldier Point

**Great
George Fort**

Christian
Hill

*Potworks
Dam*

*Willoughby
Bay*

Cobbs Cross

English
Harbour Town

*Horseshoe
Reef*

Antigua

5

**Clarence
House**

*lson's
ckyard*

**Shirley
Heights**

Mamora Bay

Standfast Point

English Harbour

D   **E**

0   4 km

© **MERIAN**-Kartographie

N

1

2

3

4

5

6

A B C

Aruba

1

2

K a r i b i s c h e s   M e e r

California-Leuchtturm
Arashi Beach
Druif
Malmok
Wrack des dt. Frachters Antilla
Boca Cura
Bacoval
Palm Beach
Alto-Vista-Kapelle
Butterfly Farm
Palm Beach
Noord
Wariruri
Washington
Calbas
Goldschmelze Bushiribana
Eagle Beach
De Olde Molen
Janana
Natural Bridge
Boca Andicur
3
Tanki Leender
Paradera
Casibari
Ayo
Boca Daimari
Druif Beach
Ponton
Madiki
Solitu
Natural Pool
Sokotoro
Muschel-sammlung
Sabana Blancu
Arikok-Nationalpark
Dos Playa
Sabana Grandi
Santa Cruz
Reef Tambu
Sonesta Island
Simeon Antonio
Jamanota
Boca Prins
Fontein-Höhle
4
Goldschmelze Balashi
Spanische Lagune
188
Guadirikiri-Höhle
Huliba-Höhle
De Palm Reef Island
Pos Chiquito
Tunnel of Love
Rincon
Santo Largo Beach
Savaneta
Brasil
San Nicolas
Boca Grandi
Ceru-Colorado-Leuchtturm
5
K a r i b i s c h e s   M e e r
Ceru Colorado
Baby Beach

Karibisches Meer
Niederländische Antillen
Aruba
Curaçao
Bonaire
Golf von Venezuela
Kolumbien
6
Venezuela
Caracas
Maracaibo
Valencia
Barquisimeto
Maracaibo-See

N
0   6 km
©MERIAN-Kartographie
B C

Barbados

Atlantischer

O z e a n

1

2

North Point
Archer's Bay
Animal Flower Cave
The Spout
Crab Hill
River Bay
Harrison
Point
Hannays
Spring Hall
Cuckold Point
Cave
Hill
Gay's Cove
Nesfield
Greshie
Bay
Barbados
Wildlife
Reserve
Boscobelle
Morgan
Lewis Mill
Fryer's
Well Bay
Rose
Hill
Shorey
Walkers
Beach
Heywoods
Beach
Farley Hill
Nat. Park
Lakes Beach
Speights-
town
Rock Hall
Chalky Mount
Potteries
Mullins
Beach
Carlton
House
Orange
Hill
Cattlewash
Bathsheba
Platinum
Folkestone
Underwater
Park and
Marine Mus.
Flower
Forest
Porters
Greenwich
House
Andromeda Botanical
Gardens
Congor Bay
Rock
Hall
Welchman
Hall Gully
Venture
Conset Point
Holetown
Coast
Sandy
Lane
Bagatelle
Great House
Harrison's
Cave
Belair
Villa
Nova
Ashford
Bird Park
Massiah
Street
Skeete's Bay
Paynes Bay
Holders
Gun Hill
Signal
Station
Greens
Bayfield
Merricks
Prospect
Edge
Hill
Drax Hall
Summer-
vale
Oughterson
Wildlife Park
Lazaretto
Gardens
Francia
Plantation House
Sunbury
Plantation
House
Long
Bay
Black
Rock
Tyrol Cot
Heritage
Village
Valley
Brereton
Marchfield
Bridgetown
Bank
Hall
Government
House
Edey
St. Davids
St. Patricks
Rum Factory &
Heritage Park
Crane
Beach
Belleville
Hastings
Newton
Wood-
bourne
The
Crane
St. Martins
Cobbler's
Reef
Carlisle Bay
Race
Course
Worthing
Wilcox
Oistins
Oliver's Cave
Salt Cave
Sandy
Beach
Oistins
Bay
Enterprise
Long Bay
Grantley Adams
International Airport
South Point
Silver Sands
Beach

3

4

5

K a r i b i s c h e s   *M e e r*

6

0   3 km

© MERIAN-Kartographie

N

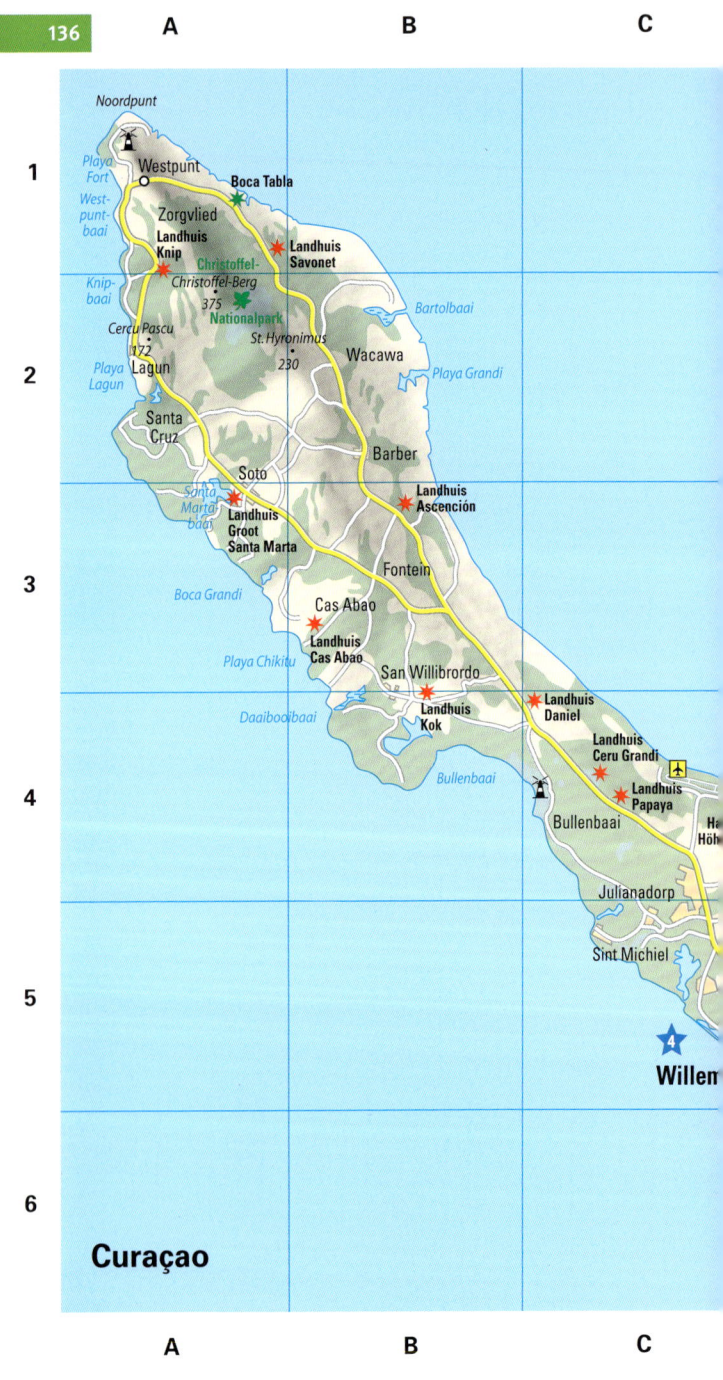

A   B   C

1

Noordpunt

Playa Fort

Westpunt

Boca Tabla

West-punt-baai

Zorgvlied

Landhuis Knip

Landhuis Savonet

Christoffel-
Christoffel-Berg
375

Knip-baai

Nationalpark

Cercu Pascu
172

St. Hyronimus
230

Bartolbaai

Wacawa

2

Playa Lagun

Lagun

Playa Grandi

Santa Cruz

Barber

Soto

Santa Marta baai

Landhuis Ascención

Landhuis Groot Santa Marta

Fontein

3

Boca Grandi

Cas Abao

Landhuis Cas Abao

Playa Chikitu

San Willibrordo

Landhuis Daniel

Daaibooibaai

Landhuis Kok

Landhuis Ceru Grandi

Bullenbaai

Landhuis Papaya

4

Bullenbaai

Ha Höh

Julianadorp

Sint Michiel

5

Willem

6

Curaçao

A   B   C

Karibisches Meer

Niederländische Antillen

Aruba   Curaçao   Bonaire

Golf von Venezuela

Kolumbien

○ Maracaibo

Barquisimeto ○   Valencia ○   ○ Caracas

Venezuela

Maracaibo-See

1

2

r i b i s c h e s   M e e r

3

4

Boca Santu Pretu

Landhuis Brievengat ✹

Brievengat

5

mmastad

tegat

Zoo und Botanischer Garten ✹

Koral Tabak

Sint Jons baai

Zeelandia ✹

da

Punda

Bottelier **Liqueur Distillery** ✹

Brakke Put

abaai

Jan Thiel Laguna

Sea Aquarium ✹

Cornelisbaai

Jan Thielbaai

Caracasbaai

Spaanse Water

Tafelberg • 196

Spaanse-baai

Nieuwpoort

Oostpunt

U n d e r w a t e r   M a r i n e   P a r k

⚓ **Punt Kanon**

6

0   6 km

© MERIAN-Kartographie

N

Grand Bahama

N

0   15 km

West End or Sponge Cay

Cash's Cay

Bill Bride Cay

August Cay

Little Harbour Cay

Long Cay

East End Point

Sweetings Cay Settlement

McLean's Town

Rocky Creek

Cross Cays

Pelican Point

Pelican Beach

Riding Point on Northside

Great Sale Cay

Southeast Point

Hall's Point

High Rock Village

Bevans Town

Freetown

Northwest

Providence Channel

Upper Sandy Harbour

Little Water Cay

Lucayan National Park

Barbary Beach

Fortune Beach

Churchill Beach

Noss Mangrove

Crishy's Swash

Mangrove Cay

Taino Beach

Garden of the Groves

Freeport/ Lucaya

Tom and Jerry Cay

Cormorant Point

Symonette Cay

Hawksbill Creek

Freeport Int. Airport

Lewis Yard

Big Whale Cay

Buccaneer Beach

West End

Nesbit Town

Freeport Harbour

Bootle Bay

Holmes Rock

Eight Mile Rock

Deadman's Reef

West End

© MERIAN-Kartographie

Grand Turk Island

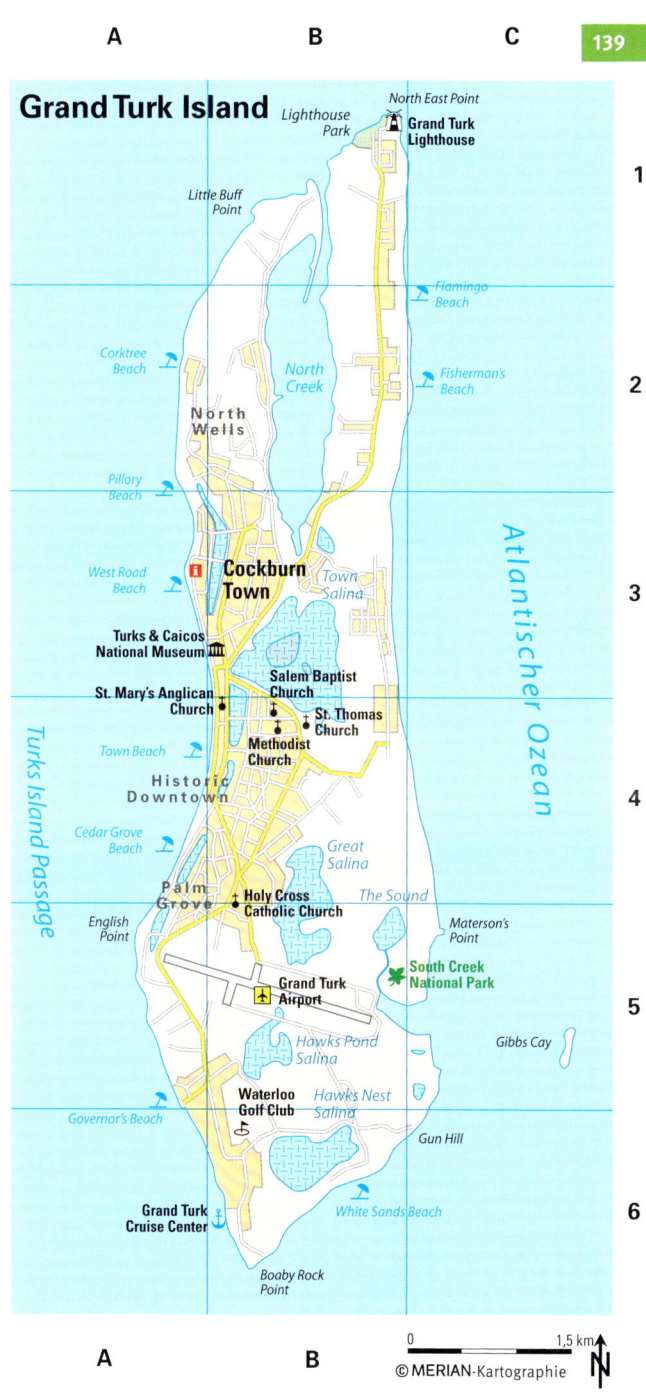

North East Point

Lighthouse Park

Grand Turk Lighthouse

Little Buff Point

Flamingo Beach

Corktree Beach

North Creek

Fisherman's Beach

North Wells

Pillory Beach

West Road Beach

Cockburn Town

Town Salina

Turks & Caicos National Museum

Salem Baptist Church

St. Mary's Anglican Church

St. Thomas Church

Methodist Church

Town Beach

Historic Downtown

Cedar Grove Beach

Great Salina

The Sound

Palm Grove

Holy Cross Catholic Church

Materson's Point

English Point

South Creek National Park

Grand Turk Airport

Hawks Pond Salina

Gibbs Cay

Waterloo Golf Club

Hawks Nest Salina

Governor's Beach

Gun Hill

Grand Turk Cruise Center

White Sands Beach

Boaby Rock Point

Atlantischer Ozean

Turks Island Passage

0   1,5 km

© MERIAN-Kartographie

N

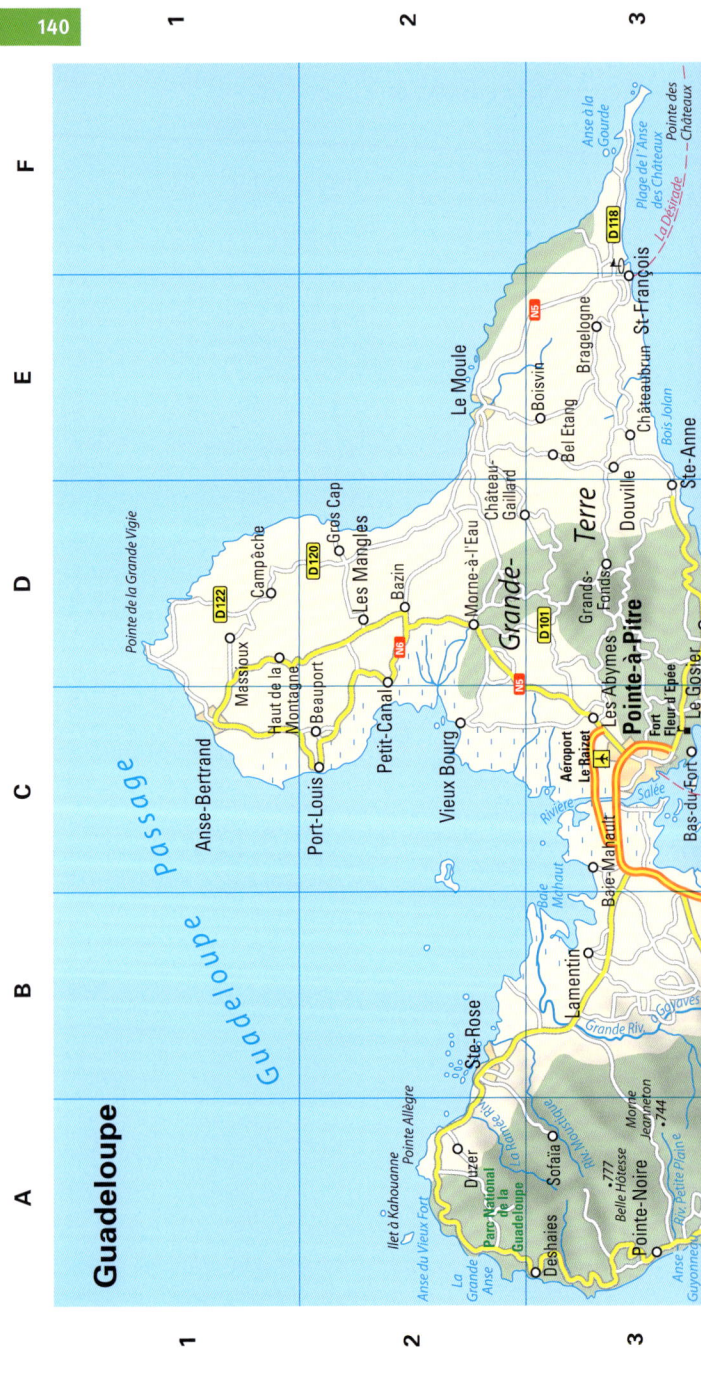

Guadeloupe

Guadeloupe passage

Pointe de la Grande Vigie

Anse-Bertrand

Anse du Vieux Fort
Ilet à Kahouanne
Pointe Allègre

Ste-Rose

Deshaies
Duzer
Sofaïa
La Grande Anse

Parc National de la Guadeloupe

777
Belle-Hôtesse
Morne Jeanneton
.744

Pointe-Noire

Anse du Petite Plaine
Guyonneau

Lamentin
Grande Riv.
Goyaves

Baie-Mahault
Baie Mahault
Rivière Salée

Aéroport
Le Raizet
Fort
Fleur d'Epée
Les Abymes
Pointe-à-Pitre
Le Gosier
Bas-du-Fort

Massioux
Haut de la Montagne
Beauport
Campêche
D122
D120
Gros Cap
Les Mangles
Bazin

Port-Louis
Petit-Canal
N6
Vieux Bourg

Morne-à-l'Eau

Château-Gaillard

Grande-Terre

Grands-Fondis
D101
N5

Le Moule
N5
Boisvin
Bel Etang
Bragelogne
Châteaubrun St-François
Douville
Ste-Anne
Bois Jolan

Anse à la Gourde
Plage de l'Anse des Châteaux
Pointe des Châteaux
La Désirade
D118

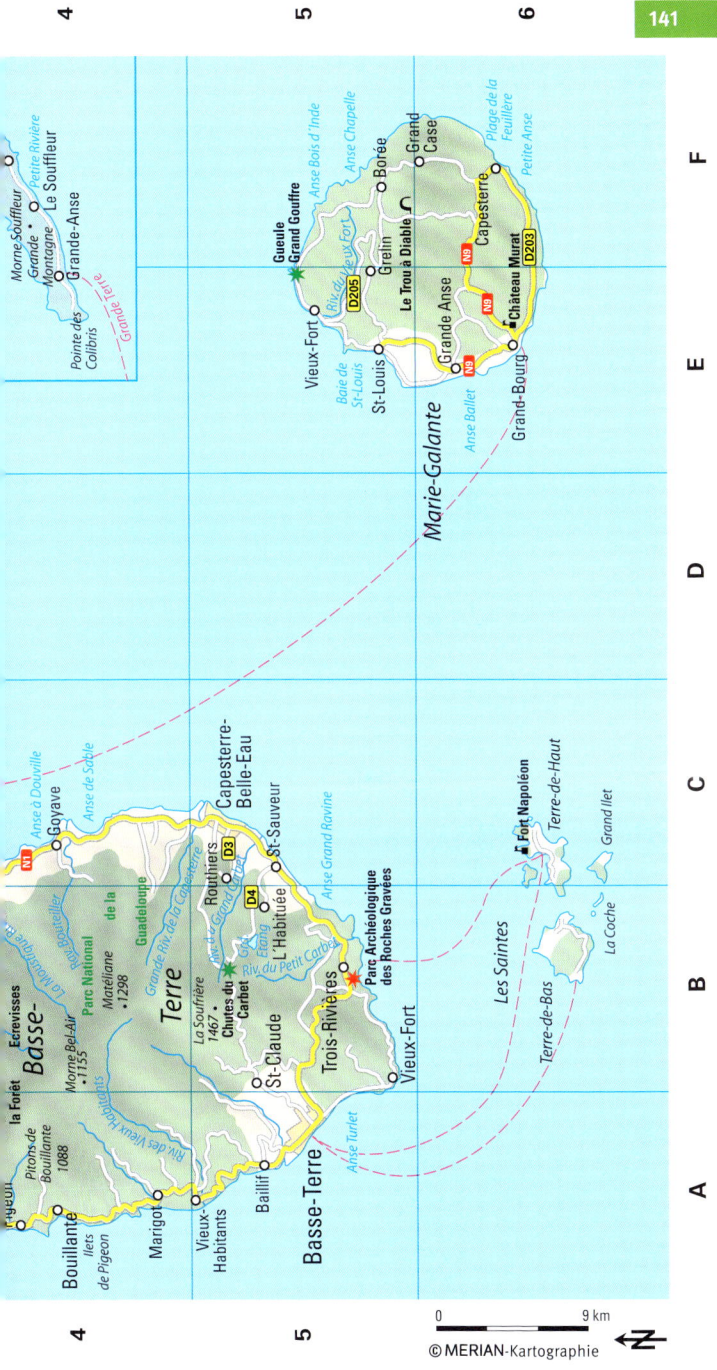

Morne Souffleur
Grande Montagne • Le Souffleur
Grande-Anse
Petite Rivière

Pointe des Colibris

Grande-Terre

Anse Bois d'Inde   Anse Chapelle
Gueule Grand Gouffre
Grand Case
Borée
Plage de la Feuillère
Petite Anse
Capesterre
D203
Vieux-Fort   N9   Château Murat
Le Trou à Diable
Grélin
Riv. St-Louis   D205
Grande Anse   N9
Vieux-Fort
St-Louis   N9
Baie de St-Louis   Anse Ballet
Grand-Bourg

Marie-Galante

Anse à Douville   Anse de Sable
Goyave
N11
Guadeloupe
Parc National de la
Basse-   Matéliane • 1298
Écrevisses   Terre
la Forêt   La Soufrière
Morne Bel-Air   1467 •
•1155   Chutes du Carbet
Pitons de Bouillante   St-Claude
1088   Trois-Rivières
Pigeon   Basse-Terre
Bouillante
Îlets de Pigeon
Marigot
Vieux-Habitants
Baillif

Capesterre-Belle-Eau
Routhiers   D3
St-Sauveur
D4   Grand Étang
L'Habituée   Riv. du Petit Carbet
Anse Grand Ravine
Parc Archéologique des Roches Gravées
Vieux-Fort
Anse Turlet

Fort Napoléon   Terre-de-Haut
Grand Îlet
Les Saintes   La Coche
Terre-de-Bas

Anse Turlet

0   9 km

© MERIAN-Kartographie

N

A   B   C

Grenada

Londonbridge Island

Sauteurs Bay   Green I.   *Sandy Island*

Leapers Hill ★   Rose Hill

Duquesne Bay   Sauteurs   **Levera NP**

Chantimelle   *Grenada Bay*

St. Mark Bay   **River Sallee** ★

Union   R. Sallee

Victoria

Peggy's Whim   ★ **River Antoine Rum Dist.**

Gouyave   *Little R.*   Tivoli

Gouyave Bay   Mt. St. Catherine 840   *Simon R.*   *Pearls Rock*

★ **Dougaldston Estate**   Bylands   Paradise

Grand Roy   **Concord Falls** ★

Concord   Grand   Grenville

Halifax Harbour   **Étang NP**   *Grenville Bay*

Beauregard   *Marquis Island*

Molinière   **Annandale Falls**   *South East Mt. 715*   Marquis

Molinière Point   **Seven**   Willis   Mt. Sinai 703   Munich   *St. Andrews Bay*

Grand Mal Bay   **Mt. Sister**   *Great Bacolet Bay*

Moritz Waterfalls

Fort George ✠   Pomme Rose

St. George's

Fort Frederick   St. David's   *Grenada*

Grand Anse Bay   B. Bacolet

Morne Rouge B.   Grand Anse

Pt. Salines Int. Airport ✈   Lance aux Epines

Grand Bay   Westerhall Point

Fort Jeudy

Glover Island   *Calivigny Island*

N

0   6 km

© MERIAN-Kartographie

A   B   C

1

2

3

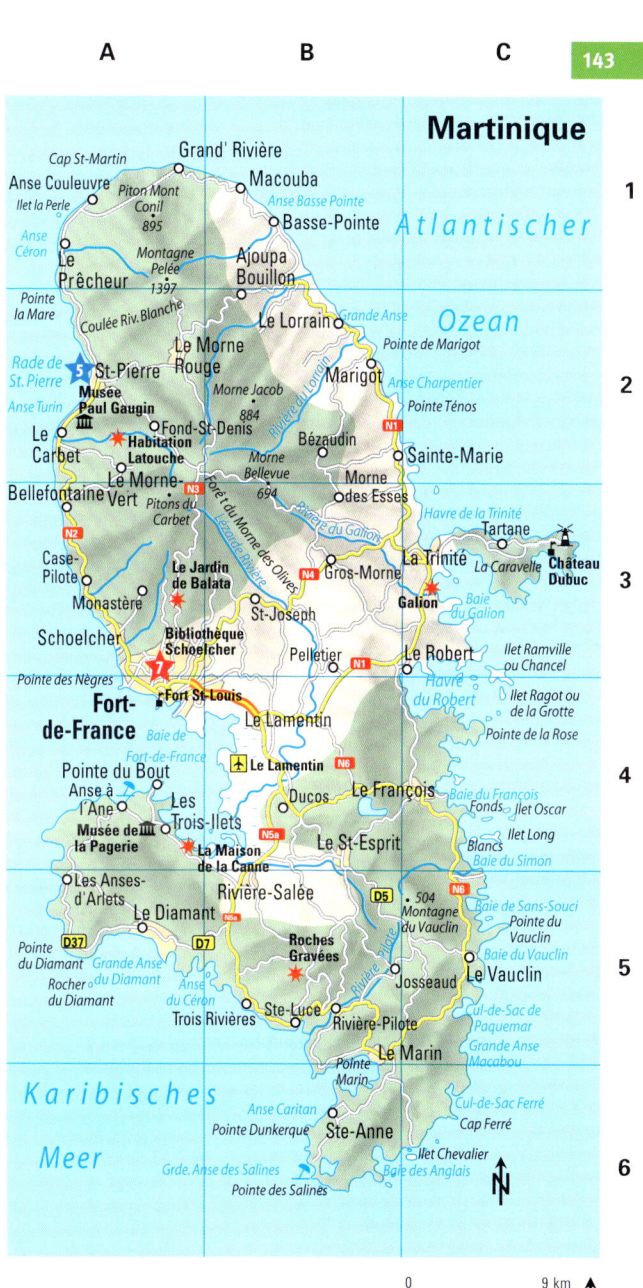

Martinique

Cap St-Martin
Grand' Rivière
Anse Couleuvre
Macouba
Ilet la Perle
Piton Mont
Conil
Basse-Pointe
895
Anse
Céron
Montagne
Le
Pelée
Ajoupa
Prêcheur
1397
Bouillon

Atlantischer

Pointe
la Mare
Coulée Riv. Blanche
Le Lorrain
Grande Anse
Ozean

Le Morne
Rouge
Pointe de Marigot

Rade de
St. Pierre
St-Pierre
Marigot
Anse Charpentier
Musée
Morne Jacob
Pointe Ténos
Anse Turin
Paul Gaugin
884
Fond-St-Denis
N1
Le
Bézaudin
Carbet
Habitation
Morne
Sainte-Marie
Latouche
Bellevue
Le Morne-
694
Morne
Bellefontaine
Vert
odes Esses
N3
Havre de la Trinité
N2
Pitons du
Carbet
Tartane

Case
Pilote
Le Jardin
La Trinité
de Balata
Gros-Morne
La Caravelle
Château
N4
Dubuc
Monastère
Galion

Schoelcher
St-Joseph
Bibliothèque
Galion
Schoelcher
Baie
du Galion
Pelletier
N1
Ilet Ramville
Le Robert
ou Chancel
Pointe des Nègres
7
Havre
Ilet Ragot ou
Fort St-Louis
du Robert
de la Grotte
Fort-
Pointe de la Rose
de-France
Le Lamentin
Baie de
Fort-de-France

Pointe du Bout
Le Lamentin
N6
Anse à
l'Ane
Le Francois
Baie du Francois
Les
Ducos
Fonds
Ilet Oscar
Trois-Ilets
N5a
Musée de
la Pagerie
Le St-Esprit
Ilet Long
La Maison
Blancs
de la Canne
Baie du Simon
Les Anses-
Rivière-Salée
d'Arlets
D5
504
Baie de Sans-Souci
Le Diamant
Montagne
Pointe du
du Vauclin
Vauclin
Pointe
D37
Baie du Vauclin
du Diamant
Grande Anse
Roches
D7
du Diamant
Gravées
Le Vauclin
Rocher
Anse
du Diamant
du Céron
Josseaud
Cul-de-Sac de
Ste-Luce
Paquemar
Trois Rivières
Rivière-Pilote
Grande Anse
Macabou
Le Marin

Karibisches
Pointe
Marin
Anse Caritan
Cul-de-Sac Ferré
Pointe Dunkerque
Ste-Anne
Cap Ferré
Meer
Ilet Chevalier
Grde. Anse des Salines
Baie des Anglais
Pointe des Salines

N

0   9 km
© MERIAN-Kartographie

N

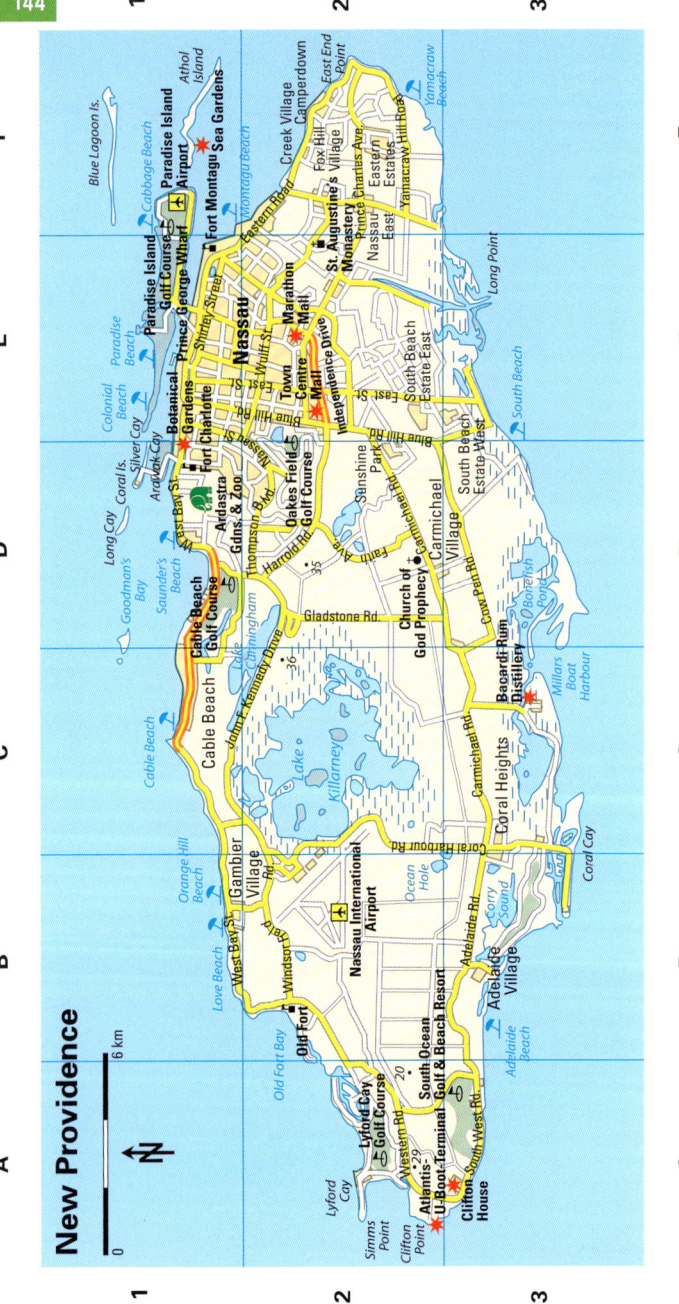

New Providence

0 — 6 km

N

Blue Lagoon Is.

Athol Island

Paradise Island Airport

Fort Montagu Sea Gardens

Cabbage Beach

Creek Village

Camperdown

East End Point

Fox Hill

Eastern Estates

Yamacraw Hill Road

Yamacraw Beach

Prince Charles Ave.

Nassau East

Paradise Island Golf Course

Prince George Wharf

St. Augustine's Monastery

Paradise Beach

Eastern Road

Nassau

Shirley Street

East St.

Bay St.

Marathon Mall

Town Centre Mall

East Hill St.

Blue Hill Rd.

East St.

Long Point

Colonial Beach

Silver Cay

Botanical Gardens

Fort Charlotte

Independence Dr.

South Beach Estate East

South Beach

Long Cay

Coral Is.

Arawak Cay

Nassau St.

Blue Hill Rd.

Ardastra Gdns. & Zoo

Oakes Field Golf Course

Sunshine Park

South Beach Estate West

Goodman's Bay

Saunder's Beach

East Bay St.

Thompson Blvd.

Harrold Rd.

Faith Ave.

Carmichael Rd.

Blue Hill Rd.

Cable Beach

John F. Kennedy Drive

Lake Cunningham

Gladstone Rd.

Church of God Prophecy

Carmichael

South Beach Estate

Cox Pen Rd.

Orange Hill Beach

Cable Beach Golf Course

36

Lake Killarney

Carmichael Village

Bonefish Pond

Cable Beach

35

Coral Heights

Carmichael Rd.

Bacardi Rum Distillery

Millars Boot Harbour

Love Beach

West Bay St.

Gambier Village

Coral Harbour Rd.

Coral Cay

Ocean Hole

Old Fort Bay

Old Fort

Windsor

Nassau International Airport

Adelaide Rd.

Adelaide Village

Corry Sound

Simms Point

Lyford Cay

Western Rd.

20

South Ocean Golf Course

Adelaide Beach

Clifton Point

Lyford Cay Golf Course

Atlantis 29

U-Boat Terminal

South Ocean Golf & Beach Resort

South West Rd.

Clifton House

Saint-Barthélemy

A

B

C

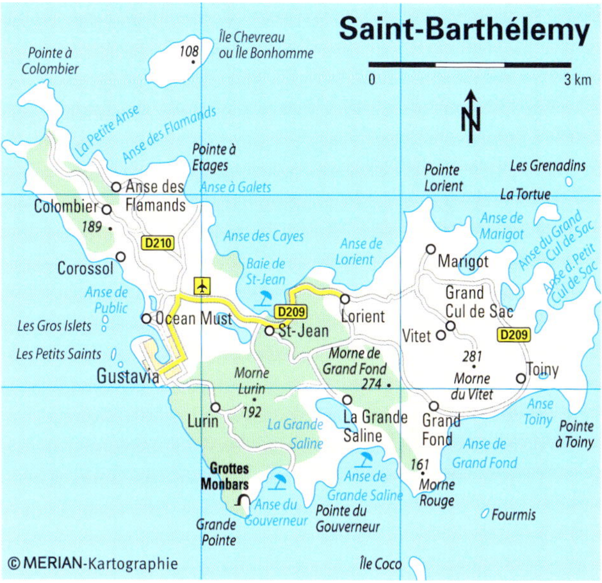

1

2

3

Pointe à Colombier
Île Chevreau ou Île Bonhomme
108

0   3 km

N

La Petite Anse
Anse des Flamands
Pointe à Étages

Anse des Flamands
Colombier
189
D210
Anse à Galets

Les Grenadins
La Tortue
Pointe Lorient

Corossol
Anse de Cayes
Baie de St-Jean
Anse de Lorient
Anse de Marigot
Anse du Grand Cul de Sac

Anse de Public
D209
St-Jean
Lorient
Marigot
Grand Cul de Sac
Anse d'à Petit Cul de Sac

Les Gros Islets
Ocean Must
Les Petits Saints
Gustavia

Morne Lurin
192
Vitet
281
Morne du Vitet
D209
Toiny

Lurin
La Grande Saline
La Grande Saline
Grand Fond
Anse Toiny
Pointe à Toiny

Grottes Monbars
Anse du Gouverneur
Anse de Grande Saline
161
Morne Rouge
Anse de Grand Fond
Fourmis

Grande Pointe
Pointe du Gouverneur
Île Coco

© MERIAN-Kartographie

Sint Maarten / Saint-Martin

A

B

C

1

2

3

Anguilla
Saint-Barthélemy
Bell Point
Grand Case
Pte. des Froussards
Anse Marcel
Eastern Point
265
Red Rock
Grandes Cayes

Pointe Molly Smith
Cul de Sac
Îlet Pinel

Baie de Friar
O'Reilly
381
Étang Chevrise
Baie Orientale

Pointe Arago
N7
Qr. du Colombier
387
Montagne France
N7

Pointe Plum
Baie Rouge
Pointe du Bluff
Baie de la Potence
Pic du Paradis
392
Flagstaff
Étang aux Poissons
Baie de l'Embouchure

Baie
Nettlé

Marigot
Fort St-Louis
Colombier
340
Quartier d'Orléans

D208
Grand Étang de Simpson
St. Peter
Beneden Prinsen

Baie Longue
Sandy Ground
N7
Dutch Cul de Sac
Sentry Hill
Boven Prinsen
Oostenberg of Naked Boy
300
Dawn Beach

Cupecoy Bay
Maho Reef
Mullet Bay
Maho Bay
Aéroport de Princess Juliana
Simson-baai
Koolbaai
Great Salt Pond
Genève Bay

N
0   3 km

Simson Baai
Fort Willem
Kool Baai
Klein Baai
Fort Amsterdam
Groot Baai
200
Sint Maarten Zoo
Philipsburg
Point Blanche

© MERIAN-Kartographie

A

B

C

A   B   C

St. Kitts & Nevis

Dieppe Bay

Willett's Bay
St. Pauls
Dieppe Bay Town
Sandy Bay
Newton
Ground   Sadlers
Tabernacle
Sandy Point   Mansion
Town   *Mt. Liamuiga*
• 1156
Fort Charles   Ottley's
Brimstone   *Grange Bay*
Hill Fortress
Greenhill   Cayon   **St. Kitts**
8
Wingfield   *Canada Hill*
Middle Island   Petroglyphs   342
Old Road Town   •900   Canada Estate
Old Road Bay   Romney Gardens   Monkey Hill
Challengers   Wandern im   Golden Rock
Bloody Point   Regenwald   Airport
Palmetto Bay   Boyd's   Fort
          Smith   *Half Moon Bay*
Basseterre

Atlantischer

Ozean

North Frigate Bay
South Frigate   *North Friar's Bay*
Bay   *Turtle Beach*
South   *Canoe Bay*
Friar's Bay   *Sandy Bank Bay*
White House Bay   St. Anthony's
Ballast Bay   319
Shitten Bay   *Mosquito Bay*
Nag's Head   *Major's*
          Bay
          The Narrows
Karibisches   Windy Hill Point   Newcastle Airport
          Quaile Bay   *Long Haul*
          Newcastle   *Bay*
          Fort Ashby   Camps
          Nelson's Spring   Fountain   Brick Kiln
          Cotton   Village
          Ground
Pinney's Beach   *Mt. Nevis*   Mannings
          985
Meer   **Charles-**
          town   H. Nelson
Gallows Bay   Museum   Zion
Fort Charles   Zetlands
          Fig Tree   Holmes Hill
          6   Montpelier   Saddle   *White*
          Plantation   Hill   *Bay*
          Pembroke
Dogwood Point   **Nevis**

1

2

3

4

5

6

N
0   6 km
© MERIAN-Kartographie

B   C

St. Lucia

Saint Lucia Channel

Pointe du Cap
Cariblue Beach
Pigeon Island Nat. Hist. Park ★
Cap Estate
Pointe Hardy
Cas en Bas
Anse Lavoutte

Karibisches Meer

Rodney Bay
Gros Islet
Reduit Beach
Reduit
Bois d'Orange
Labrellotte Bay
Monchy
La Borne
Cape Marquis
Choc Bay
Rat I.
Vigie Beach
Marisule Estate
Marquis Plantation ★
Vigie Pen.
Port Castries
La Toc Bay
Grande Rivière
Paix Bouche
Castries
Babonneau
Turtle Watching ★
Grande Anse B.
Morne Fortune ★
Girard
Fond Assor
Cassin
Desbarra
Grande Cul de Sac B.
Piton Flor
572
Marigot Bay
Roseau Bay
La Croix Maingot
Marc Marc
Dernière Rivière
Au Leon 345
Anse Louvet
Marigot de Roseau
Bexon
Grande Ravine
Au Leon
Roseau R.
Anse la Raye
Jacmel
L'Abbayée
Ravine Poisson
La Ressource
La Caye
Anse Cochon
Anse La Voutte
Durandeau
Grande Rivière
Morne La Combe 440
Dennery
Dennery I.
Fond d'Or B.
Canaries
Canaries R.
Errard Plantation ★
Dennery Bay
Anse Chastanet
Mt. Gimie 950
Frigate I.
Praslin Bay
Barre de l'Isle Ridge
Fond R.
Soufrière
Diamond Falls Mineral Baths ★
St. Phillip
Mon Repos
Anse Patience
Soufrière Bay
9 ★
Petit Piton 743
Fond
8
Sulphur Springs
St. Jacques
Troumassée R.
Anse des Pitons
Mt. Grd. Magazin 616
Ti Rocher
Micoud
Beaumont Pt.
Gros Piton 770 ★
Saltibus
Belle Vue
Desruisseaux
Anse du Troumassée
Anse L'Ivrogne
Mongouge
Praye R.
Canelles R.
Anse Ger
Debreuil
Vieux Fort R.
Pierrot
Pte. des Canelles
Choiseul Bay
Morne Le Blanc
Augier
Scorpion Island
Savannes Bay
Choiseul
279
Derrière Morne
St. Urbain
Piaye
Laborie Bay
Laborie
Hewanorra Int. Airport ✈
Vieux Fort
Maria Islands
Vieux Fort Bay
Anse se Sables
Cape Moule à Chique

Saint Vincent Passage

0   6 km

© MERIAN-Kartographie

A   B

St. Thomas

0 3 km

St. Thomas

Pillsbury Sound

Coral World
Ocean Park 10

Middle Passage

Cabrita Point

Great St. James Island
Dog Island

Mingo Cay
Grass Cay

Great Bay
Nazareth
Little St. James Island

Thatch Cay
The Tunnels 9

Leeward Passage

Cassi Hill

Bovoni Cay

Frydendal
Jersey Bay
Patricia Cay

Nadir
Tutur

Maddal

Big Hans Lollik Island

Golfclub
Mahogany Run Course 5
Bluebeard's Castle 9
Paradise Point

Bovoni Bay

Little Hans Lollik Island

Magens Bay

Mafolie

Charlotte Amalie

Hassel Island

Picaro Point

Fort Christian
Frenchtown

Limestone Bay

St. Peter Mountain
460

Dorthea
Contant
Altona

Outer Brass Island

Crown Mountain
475

Brommer Hill

W. Gregerie Channel

Water Island

Inner Brass Island

Brass Channel

Cyril E. King Airport

Red Point

Saba Island

Fortuna

Perseverance Bay

Stumps Bay

St. Thomas

Bordeaux Hill
212

Savana Island

Cockroach Island

Cricket Rock

Dutchcap Cay

West Cay
Kalkun Cay

Salt Cay

Savana Passage

Salt Cay Passage

Dutchcap Passage

© MERIAN-Kartographie

Trinidad & Tobago

0   15 km

Charlotteville

Plymouth   Fort
                  James   Speyside
                  580
                  Fort   Roxborough
                  Granby
Buccoo
Reef
                  Scarborough

Tobago

Karibisches Meer

Toco
Beach

Sans
Souci

VENEZUELA   Las Cuevas   Filette   Matelot   Toco
                   Beach
Puenta   Redhead
Peñas   Corozal   Green Hill   Paria Falls   Range
               Point   St. Andrew's   Northern
Monos   Golf Club   Asa Wright   Matura
Island   Mt. St. Benedict   Nature Centre   Beach
Chacachacare   Monastery   Arima   Matura
Island   Port of Spain   Tunapuna
The   San Juan   Piarco   Sangre
               Caroni Bird   Airport   Grande
               Sanctuary
               Chaguanas   Cunupia   Upper   Manzanilla
                                                   Manzanilla   Point

Golfo   Biche   Cocos
                                                         Bay
de Paría   Navet Dam   Point
                                                         Radix
               San Fernando   Rio Claro
                              Princes Town   Pierreville
               La Brea   Mayaro
Guapo Bay   Bird Sanctuary   Beach
Point Fortin   Wild Fowl Trust   Guayaguayare
Granville   Basse Terre   Galeota
               Siparia   Point
Fullarton   Moruga   Guayaguayare
               San Francique   Moruga   Bay
                              Moruga   Point   *Trinidad*
                              Beach
          Columbus Channel   © MERIAN-Kartographie

0   30 km
© MERIAN-Kartographie   N

Kartenregister

DIE WELT *live!* ENTDECKEN.

Über 150 Titel!

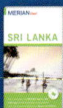

MERIAN
Die Lust am Reisen

Orts- und Sachregister

Wird ein Begriff mehrfach aufgeführt, verweist die **halbfett** gedruckte Zahl auf die Hauptnennung. Abkürzungen: Hotel [H], Restaurant [R]

Liebe Leserinnen und Leser,
vielen Dank, dass Sie sich für einen Titel aus unserer Reihe MERIAN *live!* entschieden haben. Wir freuen uns, Ihre Meinung zu diesem Reiseführer zu erfahren. Bitte schreiben Sie uns an merian-live@graefe-und-unzer.de, wenn Sie Berichtigungen und Ergänzungen haben – und natürlich auch, wenn Ihnen etwas ganz besonders gefällt.
Alle Angaben in diesem Reiseführer sind gewissenhaft geprüft. Preise, Öffnungszeiten usw. können sich aber schnell ändern. Für eventuelle Fehler übernimmt der Verlag keine Haftung.

© 2018 GRÄFE UND UNZER VERLAG GmbH, München
MERIAN ist eine eingetragene Marke der GANSKE VERLAGSGRUPPE.

2., unveränderte Auflage 2018

Alle Rechte vorbehalten. Nachdruck, auch auszugsweise, sowie die Verbreitung durch Film, Funk, Fernsehen und Internet, durch fotomechanische Wiedergabe, Tonträger und Datenverarbeitungssysteme jeglicher Art nur mit schriftlicher Genehmigung des Verlages.

BEI INTERESSE AN DIGITALEN DATEN AUS DER MERIAN-KARTOGRAPHIE:
kartographie@graefe-und-unzer.de

BEI INTERESSE AN MASSGESCHNEI-DERTEN MERIAN-PRODUKTEN:
veronica.reisenegger@graefe-und-unzer.de

BEI INTERESSE AN ANZEIGEN:
KV Kommunalverlag GmbH & Co KG
Tel. 0 89/9 28 09 60
info@kommunal-verlag.de

GRÄFE UND UNZER VERLAG
Postfach 86 03 66
81630 München
www.merian.de

LESERSERVICE
merian@graefe-und-unzer.de
Tel. 00800 / 72 37 33 33
Mo–Do: 9.00 – 17.00 Uhr
Fr: 9.00 – 16.00 Uhr
*(*gebührenfrei in D, A, CH)*

REDAKTION
Wilhelm Klemm

LEKTORAT
Rosemarie Elsner

SATZ
Nadine Thiel, kreativsatz

BILDREDAKTION
Lisa Grau

HERSTELLUNG
Gloria Schlayer, Bettina Häfele

REIHENGESTALTUNG
La Voilà, Marion Blomeyer & Alexandra Rusitschka, München und Leipzig
Independent Medien Design, Horst Moser, München

KARTEN
Kunth Verlag GmbH & Co. KG
für MERIAN-Kartographie

DRUCK UND BINDUNG
Printer Trento, Italien

Ein Unternehmen der
GANSKE VERLAGSGRUPPE

PEFC/18-31-506

BILDNACHWEIS
Titelbild (Bahamas, Paradise Island), Bildagentur Huber: P. Canali
akg-images: 98 • Alamy: D. Noton Photography 57, photomadnz 10/11, R.Harding Picture/Library Ltd. 45, Travelshots.com 66 • Bildagentur Huber: 79, Bertsch 115, Kremer 40, F. Olimpio 18, R. Schmid 2, R. Schmid 90 • Blickwinkel: 59 • dpa Picture Alliance: 31, 49 • Fotolia: PackShot 97, SeanPavonePhoto 105 • Hapag-Lloyd Kreuzfahrten: 118/119 • laif: B. Gardel/Hemispheres Images 43, C. Heeb 26, 69, 103, 106, Hemispheres 70, G. Huber 22, Martin/Le Figaro Magazin 24/25, M. Sasse 20 • Look-Foto: 12, Engel & Gielen 4, I. Pompe 92, The Travel Library 52 • PR: 101 • Shutterstock: 9, 60, Fotos593 85, trevor kittelty 87, M. Mecnarowski 117 • TUI Cruises: 14 • Visum: Travel Ink 111